慈しみ主義

ブッダの科学が描くもうひとつの地球

The Principle of Mettā

Alubomulle Sumanasara and Chikahiro Hanamura
アルボムッレ・スマナサーラ＋ハナムラチカヒロ

河出書房新社

はじめに

ハナムラチカヒロ

今、私たちは「生きる指針」をすっかりと見失っています。どのように生きればいいのか誰もわからず、心はつねに不安でいっぱいです。科学技術の発展で昔と比べて表面上は不自由さが取り除かれたように感じます。でも私たちは果たして幸せになったのでしょうか。この社会ではこれまでも幸せを目指して、さまざまな主義が唱えられてきました。資本主義、社会主義、共産主義、自由主義、民主主義。いろんな主義が掲げられ社会は進んできましたが、どれひとつとしてうまくいっていないように思えます。それに対してこの本で提案するのは「慈しみ主義」です。この概念は社会のシステムを構築する指針であり、自分自身が生きるうえでの行動指針でもあります。

この本にはブッダの教えを今に伝えるテーラワーダ仏教のアルボムッレ・スマナサーラ長老と交わした三日間の対話が記録されています。この対話は、これからの世界を生きる若者たちに向けて、ブッダの教えを科学として伝える「無常のサイエンス」の企画案を二人で話し合うという補助線に沿って進められました。ブッダが発見した真理を宗教としてではなく、自然科学・社会科学・人間科学を総合する科学として捉え、そのまなざしから今の地球を見つめるとどのような可能性が描けるのか。その姿を求め、二人でさまざまな領域を歩きながら昼夜にわたり考えを掘り下げました。科学、宗教、政治経済、テクノロジー、社会システム、戦争、地球環境、宇宙法則、倫理と道徳、共同体、人類の起源、心の力。ブッダの科学をよりどころに壮大なスケールを往還しながら描いたのは、現在の社会が向かっている延長線上にはない「もうひとつの地球」の未来です。

地球全体に拡がる現在の科学技術や社会システムは、このまま発展していくことで、私たちを自由にするのでしょうか。私たちの財布のなかにあるお札は地球規模の金融経済システムの影響から逃れられません。私たちが口にする水や食料は地球全体の生態システムを犠牲にし、人間の暮らしを支えるために自然は奴隷のように働かされています。情報化が極度に進んだ社会で私たち自身も管理システムの便利さと引き換えに、自由を制限する〝見えない首輪〟を自分たちにはめようとします。私たち一人ひとりのライフスタイルは地球規模で展開されるテクノロジーとシステムに組み込まれ、どんな地域であってもその巨大なシステムの問題と無関係ではいられません。もはやこの世界は部分的に問題解決をはかるのは難しいように見えます。

そんななかで、私たちのモノの見方はどんどん不自由で不寛容になっています。欲と怒りが極まる世界では、誰かを自分に従わせたいという想いを抱き、あるいはその反対にいっそのこと自分も誰かに従ってしまいたいというあきらめの想いを抱きます。もしかしたら、こうした「支配する――支配される」という奴隷本能が私たちの遺伝子に組み込まれているのかもしれない。そんなことすらリアルに感じるほど私たちは進んで自らを不自由にしていないでしょうか。

「Think Globally, Act Locally」（地球的に考えて、地域的に行動せよ）。これは細菌学者で環境保護の活動家でもあるルネ・デュボスが唱えたと言われます。地球環境に視野を拡げたうえで、地域社会で行動を起こす重要性を唱えた指針として世界中に広まり、今でも多くの人が口にする言葉です。しかし地球レベルで行き詰まったこれからの時代を生きるにはこの言葉のスケールを超えた行動指針が必要になると私は考えています。この地球の問題を今の科学技術や社会システムで解決できないのであれば、私たちの視野をその外側にまで拡げる必要があるからです。

だから、もしこの言葉になぞらえるなら「Think Cosmically, Act Personally」（宇宙的に考えて、身をもって行動せよ）というスローガンが私の提案になります。自分のまなざしを宇宙の法則にまで拡げて、それをもとに自分自身の実践として日々行動すること。ブッダの「慈しみ主義」はこのスケールで説かれていて、その視野で捉えた生きる指針こそ今まさに私たち一人ひとりに必要なのではないでしょうか。

仏教ではすべてが相対的な見解であるという立場をとるため、何かの主義（イデオロギー）を唱えることはしません。人間が唱える主義はいつかうまくいかなくなり修正することになるからです。しかしブッダが説いた〝慈しみ〟という行動指針は、人間が考えた主義ではなく宇宙の法則に即したものです。慈悲喜捨や無常・苦・無我はこの世でブッダだけが説いた真理ですが、その法則はたとえブッダがいてもいなくても常に宇宙を貫いています。その法則をブッダは発見して科学（法：ダンマ）として言葉にしたに過ぎません。無常や慈しみが宇宙の法則なのであれば、それに即してこれからの科学や社会を考え、それを指針に私たちも行動すれば、おそらく誰もが幸せに生きていくことができるのではないでしょうか。

　仏教をベースにしたこの対話のプロセスでは、今の科学や歴史観のもとでは明らかになっていないような話もたくさん交わされています。神々の存在や輪廻転生といった明確に証拠を提示できないものや、神通力や古代のテクノロジーといった現代の基準では非科学的と排除されるような話題も含まれています。それは現代科学で捉えた今の地球ではなく、二五〇〇年前のブッダのまなざしが捉えた「もうひとつの地球」の姿です。その部分についての対話は単なる可能性として捉えてもらってもよいでしょう。ただ私にはそれを排除するだけの明確な根拠を示せないのも事実です。

　生命環境科学の領域でランドスケープデザインを学んだ私はあるとき、どれほど環境をデザインしても、どれほど立派な社会システムを整えたとしても、世界の風景は一向に幸せにならないと気付きました。環境だけでなく自分のモノの見方をデザインすることが、世界の風景を幸せにするためには本質的なのではないか。そう考えていた頃、私は弟の死をきっかけにブッダの説いたヴィパッサナー瞑想と出会いました。それを通じて、自分が抱く疑問にすべて答えてくれるブッダの緻密な論理性と科学性に、それまで単なる宗教だと思っていた仏教の捉え方を完全に改めました。独学で続けてきた瞑想修行が進むにつれ自分の理解に限界を感じていたときに、偶然出会ったのがスマナサーラ長老です。それ以来、長老より瞑想のご指導を受け、仏教について教わり、一〇年あまりの修行を続けてきました。自分の研究関心や立場など一切明かさず、瞑想指導以外の何かについて二人で話したこともありませんでした。そんな私にこの対談のお話がやってくることなど想像もしていないことでした。おそらく自分の恩師との対話などこの先には二度と巡ってこないかもしれない。そうであれば、余すところなくブッダの智慧を知る長老とともに、この地球をどのようにデザインできるかを考えてみよう。そんな想いで臨んだ対話がここには記されています。

この対談は日本テーラワーダ仏教協会のリフレッシュチームのみなさまの企画により実現しました。とりわけ諸々のマネジメントをしてくださった藤本竜子さま、そして対談場所をご提供くださり仏教用語をご監修くださった誓教寺の藤本晃住職には大変お世話になりました。この場を借りてみなさまに厚く御礼申し上げます。

これから世界はますます厳しい局面に入っていくことが予想されます。そのなかで一人でも多くの方々が心健やかに生きていくヒントを本書から得ていただければうれしく思います。生きとし生けるものが幸せでありますように。

二〇二五年二月

対談❶

宗教と科学　ブッダの教えは総合科学か？

対談❷ 地球と社会 これからの環境をどう考えるか？

対談❺

生命と調和 より良く生きるためには?

装幀　松田行正＋倉橋弘（マツダオフィス）
編集　今井章博
編集協力　吉見淳代
藤本晃
対談企画　日本テーラワーダ仏教協会リフレッシュチーム

＊

以下、対談にあたり、
アルボムッレ・スマナサーラ＝**長老**
ハナムラチカヒロ＝**ハナムラ**
と表記しております。

慈しみ主義——ブッダの科学が描くもうひとつの地球

対談❶

宗教と科学

ブッダの教えは総合科学か？

専門化する前の若い人々へ

ハナムラ　スマナサーラ長老は僕にとっては、ずっと瞑想指導を受けていた恩師でもあります。でも今回の対談では、瞑想指導を受けている弟子というよりも、一人の研究者として長老とお話しできたらという気持ちでおります。
長老　私はあまりアイデアはもっていない人間ですが、どういうテーマで話しましょうか。
ハナムラ　僕自身は大学で教えていることもあり、メッセージを届ける相手としてひとまずイメージしている年代があるんですね。それは若い方々のなかでも特に一〇代後半から二〇代、つまり高校から大学を出て社会に出始めたぐらいの年代です。その年代の方々にブッダのメッセージを届けることが大事だと思っていますし、それなら僕でも何かの役割が担えるかもしれません。
特に大学生、若手の研究者や社会人に、ブッダの教えを宗教としてではなく人が生きるうえでの「総合的な科学」として届けることが必要だと僕自身は考えています。大学は、それぞれの専門領域に特化した学びの場になりがちです。その専門に分かれていく手前で、総合的に人間と自然や宇宙との関係を考察する視点が今の科学には不足しています。そこに総合知としての仏教がヒントを提示できるのではないかと思っています。
スマナサーラ長老はこれまでにも数々の著名な科学者とたくさん対談されています。でも、僕自身がみなさんと少し違うと思うのは、「科学のなかに仏教を取り入れよう」というスタンスではないことです。むしろ「現代科学をブッダの教えにどのように寄り添わせていくのか」というスタンスにいます。ブッダの理論のほうがおそらく体系として完成されていると思うので、その教えを現代科学からどう理解できるか、またブッダの補助線に沿って現代科学をどのようにアップデートしていけるのかに関心があります。
特に最近、今の科学技術やそれにもとづく社会のあり方に疑問を抱いている若い人たちが増えているんじゃないかと思うんですね。そんな方々に、「信じなさい」と宗教の言葉で語るのではなく、少し難しくても論理的な言葉で整理して伝えるほうが届く気がしています。長老自身も、物理学や生理学の知見を参照・引用されて仏教を説明されることがありますが、「科学としての仏教」という観点から現代にアップデートして若い人たちに伝えていけたらという想いです。
長老 うんうん。
ハナムラ ですので、この対談を通じてそうしたブッダの教えを科学的・論理的に伝えるアウトプットの企画も一緒に考えながら、いろいろとお話をお伺いしていければと思います。今回の対談でひとつの補助線にしたいのは、長老も解説されていた「アビダンマ経典」[★1]です。無常の概念、因果と縁起、慈悲喜捨など、若い方々が「科学」として知っておいたほうがいいことが、教えのなかに整理されていると思いました。自分の理解が足りないところもたくさんありますので、たとえば僕がそこから取り出してまとめたものを長老にチェックしていただく形をとるのもひ

★1——釈尊が説いた膨大な真理の教えを、後の時代に弟子たちが項目ごとに分類した「まとめ」。仏教の三蔵経典である経・律・論の「論」を指す。アビダンマはパーリ語。サンスクリット語ではアビダルマ。漢字で阿毘達磨（アビダツマ）などと音訳される。

とつのアイデアかと思っています。
長老　ひとつ問題は、私の場合はあんまり若い人々とのコミュニケーションがないんですね。だからその年代の方々がどんな生命体かよくわからないんです。高校生や大学生の時点で、なんとか仏教にアクセスしたほうがいいなと思いますが、どんなフォーマットや言葉で提供すればいいかということがよくわからないんです。
ハナムラ　それについては僕のほうでトライアンドエラーしながら考えてみようと思います。ただ、僕が勝手に解釈すると、きっといっぱい間違いが出てくるので、長老にご監修いただくということがいいのではないかとも考えています。
長老　いまのハナムラ先生の話から思い出したのですが、基本的にやっぱりみんないろんな各分野に分かれて一人前になっていくのだから、いくら科学であれやこれやと威張っても、すべて部分に分けているでしょ。たとえば医学の例を見ても専門の先生が知っているのはほんの一部だけで、他のことは知らないのですね。自分がもし心臓の専門家だったら、腎臓や循環器もある程度は知っているけど、その分野だけでも結構幅広くて、研究してもまだまだ残っているということになります。
他の世界にしてもあらゆる専門分野に分けているので、無数の専門家が必要でしょうし、すごく複雑になっていますね。それで若い人々は、その数えきれないいろんな分野のなかでひとつ選ばなくてはいけないですね。全体的に見ると、そのひとつの分野というのはすごく小さいんですよ。

大人になって仕事をするようになると、その世界のなかで一生懸命生きていくことになるんだけど、私みたいな人間から見ると、それぱっかり専門的に知ってどうなるのかと思うんですね。だから私が言いたいことの基本は、何をしても我々は人間なので、人間としてのベースを作るということなんですね。

仕事はある意味でどうでもいいんです。電車の運転手であろうが、飛行機の操縦士であろうが、学校の教師であろうが、それはそれで仕事としてすればいい。でもみんな人間ですから、人間として立派にバランスを整えて、全体的にトラブルを起こさずに、何かトラブルが起きても処理できるしっかりした人間になる必要があるんですよ。そうでないと社会システムもうまくいかなくなっちゃって大変になるんですね。

ハナムラ　まさにそこを心配していて、どんどん専門化・細分化することで、いまの社会システム全体が大きな問題を抱えていると思うんです。僕はもともとランドスケープ★2デザインというわりと総合的な学問が入口だったこともあるのですが、どうすればもう少し視野を拡げて、それぞれの分野の統合化を図れるのかを意識しています。今の文明がバランスを欠いて自然のシステムに多大な負荷をかけている原因のひとつに、研究や職業が専門特化しすぎて視野が狭いことがあると思うんですね。社会のシステムでも科学技術でも、何かひとつだけ問題を取り出して、これが悪いからそれをやめましょうという思考になりがちです。

★2——ランドスケープ（風景）を設計することで、一般的には都市や自然地の屋外空間を計画・設計することを指す。

たとえば、原子力発電が悪いからやめましょうというのも、科学技術だけの問題ではなく、政治や経済、ライフスタイルなど、いろんな問題があるはずなんです。いまの時代は特に、何かひとつだけ取り出してこれが問題です、と言えないくらい複雑に関係している社会だと思うんですね。

その一方で大学の教育は、より専門的で微細なところにどんどんフォーカスしていって、それ以外の問題が見えなくなりがちです。専門以外は知りません、自分の範疇外なので考えませんとなる人が増えることに非常に危機感を覚えています。その結果がいまの持続できない地球環境を生んでいるのではないかと思っています。

それに対して、もちろん政治や科学技術からアプローチすることも必要で、それはそれでこの対談でも長老と話し合いたいことですが、同時に、次の社会を生きる若者や子供へのアプローチも長期的に重要になると思うんですね。

長老　だから若者たちが専門的に何かを学び始める前に、まず地球に暮らす私たちが一体どういう存在であるべきかの全体像を見る教育が必要だと考えています。その全体像のどのパートを自分が担うのかを考えると道を間違えることが少なくなるのではないかと。
だからみんなにね、先に「人間」であることを学んでもらわないとね。ちょっと意識を変えてもらわないと。人間であること、人間の社会で生きていること。地球スケールで考えて、人間としてこれをやるというプライオリティ（優先順位）で一人の人間が仕事としてそれをやる。人間というベーシックプログラムに仕事をちゃんとしっかりと埋め込んでもらわないとね。

パソコンの言葉でいえば、ＯＳ（オペレーティングシステム）という考え方がありますね。どんなプログラムもそのＯＳの上に載せなければならないのです。我々仏教がしているのは、人間としてのベーシックなＯＳをしっかり作ることなんですね。そのＯＳにバグが入ったり、ウイルスが入ったり、いろいろ問題になっちゃうと全体がダメになるんですね。
ハナムラ　本当にそうですね。まずは人間のＯＳをしっかりと作る必要がありますね。
長老　人間はシステムのなかで生きていますが、どこにもヒューマニティ（人間性）が欠けていますね。だからどんな宗教でも、どんな科学でも、どんなくだらないものでもいいんだけど、まずは「あなたは人間でしょう」ということを理解してほしいんです。
特に気になるのは宗教の世界です。聖書やコーランでも何でもいいのですが、そこで語られていることが一番で、他はそんなに大事じゃないとしてしまっていますね。それって何か変なんですよね。科学の世界でもそれと同じでしょう。科学の王さまは医学だとか物理学とかいうのは成り立たないのですね。
ハナムラ　人間の営み自体が本来は総合的なんでね。
長老　たとえば宇宙船をひとつ飛ばすのも物理学だけで管理できません。そこにはあらゆる科学が関係する。宇宙に人間も行くなら、生物学とかいろんなものが必要でしょう。それだけでなく一、二年間、宇宙空間に人が住んでいるなら、その人の精神状態がどうなるのかとか心理学的にも考えなければいけないでしょう。だからすべての科学を組み合わせて、ひとつのシステムとして成立させるのです。専門に分解するのはいいんだけど、ひとつの大きなシステムですべて調和させながら、シミュレートしなくちゃいけないんですね。
つまり私がいうのは、人間というコンセプトにシミュレートしてくださいということです。さらに仏教では人間だけではなくて、すべての生命体にシミュレートしてくださいと。自分が薬を開発しても、農業やってもね、「俺たちのため」と言って自然を破壊するんではなく、他の生命もいるんだから、これをシミュレートしなければいけないとかね。
ハナムラ　ハナムラ先生の分野にしても、作った風景が、やっぱり動物たちや鳥たちに愛されているというようになれば最高でしょう。
ハナムラ　そうなんですよね。僕が学んだランドスケープデザインは、庭や公園とか自然を作る仕事なんですね。だから本来は、他の生命のことも考えて作らなくてはいけないんですね。

情報と自己管理

ハナムラ　まだ学生だった頃に、風景というのは本当に道や木や丘だけでできているんだろうかと疑問に思ったんですね。なぜなら同じ場所でも失恋したときと何かを達成して調子がいいときでは、全然違う風景になるからです。
だからもし風景をデザインしようとすれば、対象物のデザインだけでは不十分で、見ているほうの「目」や意味、認識のデザインが大事だと思い至りました。それで見方のデザインを研究することになったんですね。

何か美しいとされているものでも、ちょっと見方を変えたらすごく醜く見えてきたり、醜いと思うものも、ちょっとアプローチを変えるとすごく美しく見えることがあります。自分側のセッティングとか認識が風景のあり方に大きく影響していると思うんですね。だから客体のあり方だけでなく、主体側の眺め方を問題にして『まなざしのデザイン』（NTT出版、二〇一七年）という本を書きました。そこで考えたことは仏教の問題意識と非常に近いところだと感じています。

長老　うんうん。

ハナムラ　その一方で、眺め方をデザインすればどんなものでも美しく見えますというメッセージも危うい部分があって、商業とか広告ではそうやって演出することで、さほど価値がないものをさも価値があるように「見せる」ことが当たり前になっています。僕らのようにデザインを仕事にする者が、誰かのまなざしを外からデザインすると、人々はそのままその通りに見てしまうことがあり、それも非常に危険です。

それをメディアが出す情報にまで拡げて考えると、どこかの地域で戦争が起こっているというニュースが報道されたら、僕らはそれを確かめたわけでもないのに、もう勝手に激しい撃ち合いをイメージします。

しかも流れてくる情報は偏りがちなうえ、その報道の裏側には複雑な意図があります。報道のトーンに影響されて人々の正義や善悪が導かれますが、そのモノの見方は誰かにデザインされているかもしれません。

そんな危機感があったので、ロシア・ウクライナ戦争の直前に出版した『まなざしの革命』（河出書房新社、二〇二二年）という本では、政治経済とか軍事とか、広告とかメディアとか社会のいろんなことに触れながら、我々のまなざしが外からコントロールされている危ない時代だと呼びかけました。
長老 そうそう、それが人間の問題で、とにかく誰かをコントロールしたいんですね。本当に我々は危ない世界に生きていて、個人個人はただコントロールされているだけで、いわゆる自立できていないんですね。できないというか、させないようになっている。社会のなかでそんなに役に立っていない人たちのグループだけたくさんあって、そのなかで一番性格の悪いグループがみんなを踏みつけて、自分の利益を得ているでしょう。
そろそろ地球全部がいくつかの会社に管理されるようになるでしょうね。ＩＴと偉そうに言ってますが、ミスインフォメーション（誤情報）、マルインフォメーション（事実だが意図的な悪意を伴う情報）、ディスインフォメーション（虚偽の情報）をインフォメーションと言っていますよ。いかにデータを自分の都合で組み立ててストーリーを作るのかを考えて、それをインフォメーションだとしてます。
ハナムラ そこで言われるインフォメーションが、一体何を指しているかですね。
長老 個人では何が正しいインフォメーションか気付かないし、個人個人は何か情報を見てもＳＮＳで拡散するだけで満足なんですね。そこに自己管理がなく、現実的にあるかどうかもわからないことも拡散する。本当はインフォメーションというのはそんなにいい加減なものではなくて、昔の新聞はある程度は調べて研究して、こういうことだとデータでサポートをして、それを出していた。だけど、今はそれがなくてもよくなってしまっています。証拠を出さなくてもいいんです。
ハナムラ 情報が多すぎるといちいち確かめられないので、証拠がなくてもみんな信じてしまいがちです。何かこれが正しいとなったら、みんなそちらに流れてしまって、今度はあちらが正しいとなったらまた流れてしまう。でもそこで、「ちょっと待て」、自分で確かめないと本当なのかどうかわからない、という見方が必要です。まなざしをデザインする側にいると、たとえ価値がないものであっても、「これは美しいですよ」と思わせるための裏側のからくりを知っています。どういうふうに演出したら、人は信じるのかという技術が堂々と政治でもメディアでも使われている。だからそういうからくりに敏感に気付く人が増えてほしいと思うし、今の若い人たちも、冷静な見方ができるようになってほしいんですね。大学に入る頃にはもう社会の理屈に取り込まれて、遅いかもしれないんですが、総合的に見ることと、ちゃんと嘘を見抜ける智恵[★3]を身に付けてほしいと思っています。心根の良い人たちほど騙《だま》されていくのが非常に心苦しいのです。
長老 だから一人ひとりが人間として、自己管理しなくちゃいけないんですね。騙されないように生きることは自己責任で、自分のなかに無理やり入ってくるさまざまな情報や知識の被害者にな

★3——仏教的には、一般的な知識や理解を指す「知恵」とは区別された、真理を理解する認識のこと。

らないで、うまく自分を管理する方法が必要ですね。
でも結局、社会は一人ひとりがプログラム通りに動くロボットになることを期待しているんです。大学も教育システムもそうなっているし、会社や政治システムもそうなっている。エコノミックシステムでも、金を集めている人々も何のために集めているのかを知らない。マンモス企業たちが自分の脳みそでは計算もできないくらいの金をもっている。その金で何をやるのか、自分でもわからない（笑）。ちょっと何か食べて、遊んで、寝て、生活するだけ。だからその人たちも激しいロボットになっているんです。おかしい世界ですね、結局は。
ハナムラ　本当にどうしたらいいのかなと思うんですよね。
長老　このアルゴリズムプログラムがじわじわと人間をバカにして、なんか人間がこきつかわれているような感じになっているんです。やっぱり人間が自分の自立のために戦わなくちゃいけないでしょう。
ハナムラ　本当にそうですね。特にこれからは我々自身のことをＡＩのほうが知っている時代になるんですね。自分の生理的な数値も全部、本人以上にＡＩのほうが知っている状況になる。そう思い込んでしまうと、機械が出してくるデータを信じるしかない。だんだんそれが当たり前になってくると、今度はＡＩの言うことを聞くしか選択肢がなくなることになります。まさに人間が家畜化していくんです。
そうやってシステムに依存する状況はもっと前から始まっていて、エネルギーとか食糧とか、すべて他の人が作ったものに依存して生きている状態が長いこと続いています。そして、そうして依存してきたものがいま世界全体でじわじわと絞られてきているように思うんです。食糧危機、エネルギー危機などで我々の生活が制限される状況が、強まっていると見ています。パンデミックが人々を管理するための牧場システムを作る口実になった部分もあります。そんな管理システムが進むなかで子供たちは生まれてくるし、次の人類はそこで生きていかないといけない。いまの我々大人に何ができるのだろうかと思うんですね。

地球環境の問題も、こんなに無茶苦茶にして他の生命に迷惑をかけてしまっている現状を無視してこのまま科学や技術を進めていくと大きな間違いを生むと思うんですね。だからブッダの教えを根底において科学を違う形でアップデートする必要があると僕自身は思うんですね。

今の現代科学はキリスト教的な価値観がベースになっている部分があります。自然をコントロールして、管理して、人間に従わせるという考えを前提にすべてが組まれている。それに対して、我々は大きな生命のネットワークの一員で自然に生かされているということを科学のベースにおかないとダメなのではないか。

それを学ぶ総合的な教科書のようなものが必要だと思っています。我々研究者も部分的なことしかわかってない。それに普通の人間が、自分のなかの煩悩の問題を解決できているのかというと、誰ひとりとして解決していないでしょう。その状態で、教師は何かを教えないといけないし、学者は研究しないといけないとなると、それはどこかで間違えますよね。

だから、まずは個人の実践として自分の心を清らかにしていくことはもちろん必要なんですけど、それと同時にブッダの教えをちゃんと科学のベースにのせることが大事だと思っているんですね。

長老　そうですね。難しい教えはひとまずおいておいたとしても、ブッダの教えは、やっぱり我々はたくさんの生命に支えられて生きているということなんですね。私が生きているのは、いろんなものの協力があって成り立っているということをよく理解しなくてはいけないんです。でも一方で自力でも生きなくちゃいけない。

これは運転と同じです。運転手は自分で運転しています。でもそれだけで運転は成り立たない。そこにはすごくたくさんのシステムが必要です。道路は必要だし、位置情報には、サテライト（人工衛星）まで必要でしょう。それはそれぞれ、すごく違う分野です。そういうものがあって運転は成り立っている。しかし運転手にもすごい責任があるんです。全部そろっているからロボットが運転すればいいということにはならないんですよね。

技術の進歩と人間の退化

ハナムラ　カーナビを使い始めると、人はそれに頼りきってしまって、地図が読めなくなった部分がある。つまりテクノロジーが発達すればするほど、人間自体の能力は下がっていきますね。
長老　一部の能力が下がるのはいいんだけど、その代わりにどこかが進化しないとね。何か進化していないと、猿にも負けてしまうんですね（笑）。
ハナムラ　「我々がテクノロジーをコントロール」しなくてはいけないのに、「テクノロジーが我々をコントロールしている」という反転現象が起こっています。たとえば自動運転が普及して我々が運転しなくなったら、機械が止まるともう移動できなくなります。エネルギーも、昔は薪をくべて炎から熱をとっていたけど、オール電化になると電気がストップするとすべて使えなくなる。いまの時代はものすごくテクノロジーが複雑になって、道具であるはずの技術が我々をコントロールしている状況が当たり前になっています。そんな状況に対して、危険性を感じている部分もあるんですね。コントロールの主導権を我々に取り戻す必要がある。

長老　だからおっしゃるように、僕らの何かが進化しなければいけない。特に心の進化が必要だと思いますが、今の社会は進化させないようにわざとくだらないことや部分的なことに僕らの心が囚われる仕組みになっているのではないでしょうか。

そのテクノロジーに対する危機感は前からありますね。ロボットを開発しているある先生が私に道徳ロボットを作りたいと言ってきたんですね。私はすごく危機感を感じたんです。ロボットに道徳判断できるアルゴリズムをどう作ればいいか、その先生はすごい苦労して、宗教から哲学からいろんなところから学んで、データとって、どうしようかなと考えたんですね。

私に聞けば教えられますよ。なぜならば、どんな宗教でも哲学でも、人間のベーシックな道徳というのは宇宙法則みたいに決まっているんだから。それにどうやってアルゴリズムを組み立てるのかということはすごくシンプルなことなんです。でも言わなかったんです（笑）。

ハナムラ　それでよかったと思いますね（笑）。工学的な発想から研究すると、自分の研究のなかに仏教をどう取り入れるのかみたいな考え方になってしまうんですが、それは順番が逆です。

長老　でしょ。進化というのは、人間が進化しなくちゃいけない。機械を作って進化したんだから、我々は退化してもいいじゃんという感じではね……。昔は包丁を使って手でやってきたけど、今は台所におろし器や、千切りする機械があって、それで見事に千切りできる。だから包丁を使う能力は落ちてしまったんです。その程度だとそんなに大きい問題ではないんだけどね。しかし、道徳まで機械が判断するとね……。
ハナムラ　機械に道徳を教えてもらわねばならない人間なんてね……。
長老　機械が判断する道徳はまず間違っていますよ。だから私は作らないほうがいいと思います。なぜならば、ロボットに「人間さまが偉い」というベースラインを書かなければいけないでしょ。人間さまが超エライ神さまで、人間さまの機嫌をチェックするんだと。顔が怒ってるときは、こういう言葉をかけるべきとかね。「こちらは立ち入り禁止です」とロボットが言う。でも入りたいと言ったら、人間さまの機嫌を損なわないように、「そう言われても大変申し訳ございません。ここからは入れません」と。そんなふうにプログラムを組むことでしょ。でも私はこのベースラインの「人間さまは尊い、神さまみたいに偉い」となっていること自体に証拠はありますかと言いたいのです。そんなのは成り立たないんです。人間さまだけではなくて、生命もみんな平等で、誰でも生きる権利があるでしょう。たとえば、空き巣に入った侵入者をロボットが倒したとします。それは侵入者が悪いんだけど、どうしてそうなったのかをちょっと考えなくちゃいけないでしょう。「お前は悪人だ、犯罪者だ、処分すべき人間だ」と、簡単にコンピューターで判断してもいいのでしょうか。なんでそんなことしたのかというのは、たくさん条件があるでしょ。もしかするとどうしても生活ができない。このままだったら生きられない。だから、あるところからとっちゃっただけかもしれません。その人にも生きる権利がある。

それが悪いなら、動物は一番悪いことやってることになりますね。たとえば、熊がこのあたりには食べるものがないから、人の果樹園にやってくる。そうすると熊を殺すことになりますね。でも熊さんが犯罪をやっているわけではないでしょ。熊も何か食べなくちゃいけない。当然人間は困るんだけど、だからといって殺すというのは成り立たないわけですね。

だから人間が人間の家に入ったからといって、その一点だけで判断できないでしょう。生活ができないという理由や、他にもなぜ生活できないのかというと、もしかすると勉強できないとか。勉強ができないのも、怠けたわけではなくて、その能力がついていないとか。いろんなことがでてくるでしょう。だから、うかつに善悪の判断や白黒の判断をするというのは、冗談じゃないんですよね。

ハナムラ デジタルな判断などできませんよね。

長老 やっぱり生きる権利はみんなにある。どうしようもなくやったことでも、もしかするとやらなかったほうがいいかもねとか。そんなふうに判断しなくちゃならないのですね。「あなたはすごくお腹がすいて、私の弁当を奪ったけど、他の方法はなかったんですか」と。お腹がすいているので、弁当の半分くらいをいただけませんかと言ったほうが、私にとって楽しいんだよと。そうすると私は弁当全部あげますよ。

ハナムラ 結果は同じですよ。弁当を奪って食べることもできるけれど、「お腹がすいているんだから……」と言えば、「いいよ、これ食べてください」となるんですね。それが仏教が教える世界です。やっぱり慈しみにもとづいてね。
長老 たしかに結果が同じなら、そういうアプローチのほうが気持ちいいですよね。
ハナムラ ランドスケープのことを頭に入れて考えると、私にとってはデザインはいらないんです。なぜかというと、私には藪が美しいんだから。道路に生えている雑草が、頑張ってあの厳しい環境に打ち勝っている姿が、私にとってはかわいくてたまらない。
やっぱり見ているこちらの価値観なんですよね。同じ対象物でも美しいと見るまなざしがあるか、美しくないと見るかという。そういう意味では、仏教的には単なる「見《けん》[★4]（diṭṭhi《ディッティ》：見解）」の違いでしかないのかもしれません。我々の見方を逆にして、醜いと思っていたものが美しいと見えてくると、引っこ抜かなくてもいい雑草や樹木が実は何かの役割をもっていることが理解できる場合もあると思うんです。もちろんその逆もあります。
だから見る側がいろんな見方ができるように、自分の見方のほうをちゃんとデザインできないかと。それで現代アートとかいろんなアプローチで見方のデザインを研究していたんですね。そのなかには五感や知覚を変える方法もありますし、認識や認知を変える方法もあります。物事の分類を変える方法も有効です。このコップを見たときにコップだというのはひとつのモノの見方で、これを楽器として捉えるとまた違う見方がひとつ手に入る。
もちろんこれもひとつの偏った見解にはちがいないのですが、いろんな見解から見る方法を知っていれば、自分がこれはコップだと思っていたものが、ひとつの見解に過ぎないということに気付けるのではないかと思うんです。
長老　うんうん。
ハナムラ　とにかく、人のまなざしが、何かひとつの価値観にすごくフォーカスされすぎていて、それしか価値がない、それしか真実がないと思い込んでいるような状況がいま強まっています。だからそのひとつの見解を外していろんな角度から見ることができるようになるには教育がすごく大事だと考えています。学生がこれからひとつの専門領域に入っていく前に全体を俯瞰できることや、慈悲に照らし合わせて物事を考えられる道筋が大事だと思っています。
長老　慈悲というのは非常に科学的だと思うんです。自分がされたら嫌なことを相手にしないということだけでもすごく論理的ですよね。そのことを力強いメッセージとして、ブッダの教えのなかから拾い出して科学的に語る必要があるような気がしているんですね。

人間は奴隷として作られたのか

長老　最近、私はメソポタミアの文明とかいろいろ調べているんだけど、やっぱり我々が教えられている宗教のストーリーはとんでもないインチキで誤魔化しだと思うようになってきたんですね。

★4――物事の見方や見解を指す。

実際のストーリーは違っていて、地球の各地で人間を開発するプログラムがありましたとか、いろいろな話がありそうで。

ハナムラ　メソポタミアのなかでも、シュメール[★5]あたりの話ですかね。

長老　そうシュメールね。そこで私が読み取ったのは、もしかすると人間というのは意図的に改良された生命体かもしれないということですね。私もそれはあり得ると思いますよ。なぜならば人間だけが他の動物にはプログラムされていないようなバカでかい大脳をもって生まれるからです。

自然界では使い道がわからないものは現れるはずがないんです。我々の大脳も自然界のものでしょう。たとえばネズミはその脳をどう使うのかを、生まれたネズミは知っていますね。赤ちゃんのときはおっぱい吸っているんだけど、おっぱいをやめるとどう生きればいいのかをもうわかっていますね。もう一人前。でも人間だけは一人前にならないんですね。

大脳という臓器はあらかじめプログラムされていないんですね。それって、料理が出来上がる前に皿に載せるみたいで変でしょ。そういうことが人間に起きているんです。

プログラムされていない人間が生まれると、どう座ればいいのかわからないし、しゃべることすらわからない。全部新しく学んでプログラムしなくちゃいけないんですね。ですから人間というのが改良された生命体であると言われても、私もなんとなく「そうでしょうか」と思うんですね。私も大脳のことはすごく疑問に思っているんですよ。

ハナムラ　人間だけですよね、そうやって生まれてからいろんなことを学んでいかねばならないのは。馬なんかは生まれてから三時間くらいでもう立ち上がるじゃないですか。蜘蛛だって複雑な巣の張り方を最初から知っているし。ネオテニー[★6]（幼形成熟）という言葉があるのですが、人間だけ未熟なまま生まれてくるのは不思議ですよね。

本当はもっと遅く、いろんなことができるようになってから産んでもいいはずなのに、なんでこんなふうに人間だけが未熟なままで生まれてくるのかと。いま長老がおっしゃっていたのは、人間が意図的に未熟なまま「デザインされた」可能性があるということですか。

長老

自然法則から見るとちょっとおかしいんですね。どこかで手が加えられているのかもしれませんね……。たとえば、これは私が作った物語ですが、人間を改良して、すごく成長してほしい、すごい存在になってほしいと思って、念のために大脳という部品をインストールしたんです。でも途中であきらめちゃって、もうやめたと。そうすると部品はあるんだけど、使い方がわからない（笑）。

そういうストーリーも考えられますけど、ポイントはそこじゃないんです。そのベースに透けて見えるのは、我々を意図的に奴隷にしようとしていることなんですね。動物は誰の奴隷にもなりたくないでしょ。牛やら、鶏やらは人間が奴隷にしているけどね。鶏も牛も人間が飼ってあげなくても、自然界で生きられます。どんな葉っぱを食べて、どんな葉っぱは食べてはいけ

★5――古代メソポタミア南部地域で人々が築いた文明のこと。
★6――動物において性的に完全に成熟している個体の一部に未成熟な性質が残っていること。一九二〇年にルイス・ボルクが人類ネオテニー説を唱えた。

ないと牛は知っているしね。

しかし人間だけそうではないんですね。言わなきゃわからない。言われたからやるというのは奴隷でしょ。立てと言われたら立つ、座れと言われたら座る。人に会ったら「こんにちは」と言いなさいとか。こうやって身体を曲げてくださいと。そういうふうに全体的にどこか「奴隷《スレイバリー》システム」なんですね。

たとえば、政治システムも人間が作ったけど、ものの見事に奴隷システムに見えてくるでしょ。民主主義なんてひとかけらもない。地球上のどこも明確に奴隷システムです。我々は投票用紙に人の名前を書いたとしても、たいした価値がないんですね。選挙だって我々を騙す言い訳をちょっと作るためのものです。

ハナムラ　選挙システム自体が意味を失いつつありますよね。

長老　日本はあまり政権が変わったりしないので、ずっと同じ政権でしょ。二世議員など、そもそも出馬できるような人々がさまざまな条件で大体決まっているんだから、この人に投票しようということになる。それは奴隷プログラムがインストールされたロボットのようなんですね。これは政治での奴隷システムの話ですが、経済も全部奴隷システムなんです。奴隷システムが強ければ強いほど、しっかりした会社になる。

マンモス会社で子会社が無数にあって、国際的にいろんなところに支店があるような会社。そこで仕事するそれぞれの社員たちは、一人ひとりはたった一個の細胞程度です。ちょっと何かを動かして、ちょっとした給料をもらって、ちょっと食べて、余ったら一年に一回くらい旅行して、家は二〇年ローンで……。

ハナムラ　科学やテクノロジーはどうでしょう。これも同じように奴隷システムなんですね。いかに人間を奴隷にするのかということを考えているでしょ。みんないまスマホがなかったら、呼吸もできない。心臓発作が起こって死ぬくらいに、スマホの奴隷になっているでしょ。英語で、「ノモフォービア」（Nomophobia：No mobile 恐怖症）という単語まであるんです。スマホが手にないと、居ても立ってもいられなくなっちゃって、精神的に問題を起こすんです。そこまで奴隷にしている。

長老　まさにスマホは完全に人間を奴隷にしていますね。

私は全体的に仏教のまなざしで物事を言っていますので、その奴隷システムをほおっておいていいのかと。人間が人間の奴隷になるのもけしからんけど、機械の奴隷になってもいいのかとね。なんでそもそも奴隷になるんですか。物事は話し合って進まないんですかね。

ですから我々は「人間」を作らなければいけない。人間としてのプログラムは何なのか。それは自分で作りなさいよと。そのモジュール（部品、プログラム）は教えてあげましょう。たとえば、仏教だったら、慈悲喜捨ね。「生命に慈しみを」というこのモジュールは変えないでくださいと。あるいは「物事に執着するな」というモジュールを、どこに入れるのかはあなた次第です。

はっきり言うと、仏教はこの奴隷システムを壊したいんですよ。だから仏教用語でみんな嫌だと思う単語があるでしょ。「解脱《げだつ》」。言ったとたんに、変な宗教くさくて嫌だと（笑）。でも「解脱」という言葉を見てください。これは「脱獄」という意味でしょ。無罪で刑務所に入っているならば、脱獄の何が悪いんですかね。でも人は嫌がるんです。「解脱」というのは、変な宗教の人々のアイデアだから、俺は科学的に考えるとか言ってね（笑）。
ハナムラ　ブッダの教えは、何かを信じなさいと強要する宗教のようなものではないんですよね。だから科学の言葉のなかに、新しくその教えを位置付けることが必要だと思っているんですよ。僕は自分のこれまでの著書では、ブッダのことを一言も出さずにブッダの教えの一部を社会科学の言葉で語ることにチャレンジしました。★7貪瞋痴《とんじんち》が今の世界をいかに支配していて、我々はいかに物事が見えていなくて、いろんなことに騙されているのか。そこから我々自身のモノの見方に革命を起こさなければいけない。それはブッダの正見の教えを書いたつもりです。
長老　そこでの革命は自己革命なんですね。社会や世界に迷惑かける必要はないんです。自分が奴隷でないならば、真の主人《マスター》で生きられますね。でもいいマスターだったら他の人々のことを心配しなくちゃいけない。でも特に宗教の世界は、もう嫌になるほど奴隷システムでしょ。
ハナムラ　そうですね。宗教というのは、ブッダの教えとは正反対だと思うんです。
長老　たとえばよく宗教で言われる「私以外誰も信じるなよ」という神の言葉。「私を信じなければ、伝染病やら破壊やらなんでもやるぞ」というのは、いったい何様のつもりなんでしょうね。もし神があまりにも優しくて、あまりにもありがたくて、人が間違いを起こしても、「ちょっと気を付けてね」とか言うんだったら、言うこと聞いてあげてもいいんだけどね。「聞かなかったら永遠に地獄に落としてやるぞ」と、そこまで言うなら恐ろしい存在でしょう。

仏教ではそんなこと言わずに「解脱」しなさいと言うんですね。仏教では輪廻転生[★8]の概念についても、無罪なのに無期限で刑務所に入れられているようだと考えるんですね。裁判もせずに、なんとなく我々は刑務所に入れられている。その人にある唯一の手段は脱獄なんです。
ハナムラ　やっぱり宗教には「信じる」という要素がどこかに入ってきてしまう。いろいろと確かめて確信をもって信じるのであればまだいいんだけど、神がいるかどうかなんてそう簡単に確かめられないですしね。勝手に信じなさいと強要されて、ありがたく信じるようなことは、本来は成り立たないと思うんです。
長老　そうそう、それは絶対成り立たないし、宗教はすごく下手な奴隷プログラムなんですよ。いまの経済や政治のほうがある程度賢い奴隷プログラムを作っているでしょう。政府はある意味で国民を奴隷にしているけど、問題があったらまだ助けてくれる部分もありますね。トラブったら、警察に頼めるし、事故をおこしたらさっさと来てくれる。だから奴隷にされていても、「まあいいんじゃないか、税金払いますよ」と（笑）。
ハナムラ　奴隷にされていることに気付かずに生きている人々が多いのも、非常に歯痒いところはあるんですが……。わかりやすい奴隷であるほうが、「対抗しなきゃ、変えなきゃ」という気持ちが出てくるんだけど、今のシステムはあえて知らずにいるように飼い慣らしている感じがするんですよね。

★7——欲と怒りと無知を指す。仏教では三毒と言われる。
★8——人だけでなく動物も含めた生命が死後も何度も生まれ変わりを続けること。

みんなが信じているお金にしても、あれは一種の宗教じゃないですか。お金に何かの価値があると大勢の人が思っているけど、あんなのただの紙切れですしね。でも誰も一万円札を燃やしたり破ったりできないんですよ。お金だけじゃなく科学にしても宗教のように信じている部分もありますね。科学の理論も自分自身で実際に確かめたことがあるものなんて、ほんのわずかです。でも本来は科学的な態度というのは、そこで言われていることが本当かどうかを確かめることだと思うんですね。ブッダも何かを信じることをやめて、自分で確かめよと言いますよね。
長老　そうですね。

仏教の科学性

ハナムラ　そういう意味でブッダの教えを科学法則として読み解くと、これからの科学にとってのヒントがあるように思います。仏教が扱っている範疇は今の科学の領域よりもすごく広くて、全宇宙のあらゆる生命を対象にしていますよね。しかもひとつの生命にフォーカスしても、たとえば人間だと八〇年そこそこの生きている時間だけではなくて、その人が生まれる前と死んだ後まで含めて長い時間軸のなかで生命の流れを扱うでしょ。今の科学が扱うのは人間の一生の範囲だけで、それも物理的な要素のみです。心のエネルギーは扱わないんです。
長老　まぁ科学者はいまだに生命を定義することができないんだからね。遺伝子くらいまでは知ってますが。

ハナムラ　遺伝子というのは物質ですからね。心ではないですし。

長老　遺伝子は物質ですけど、変な態度をとっていますよね。でもそれには科学者はあまり気付かないんです。だって遺伝子ってバカでしょ？　遺伝子は自分をコピーしていくんだけど、なんでコピーするんですかね？（笑）

なぜ細胞がコピーするのかという理由の説明は科学ではしないけど、コピーするときの仕組みだけは説明する。ここはこうなってと簡単にコピーできる理由や、遺伝子の配列の仕組みの説明だけしかできないんですね。

それから、科学者が言ってるジャンクDNA[★9]ね。あれはジャンクじゃないんです。本当はスイッチオンにする方法がロックされているんです。そこには膨大な情報があるんですが、ロックされているんです。そこをオープンできればありがたいんですね。まぁ、すぐにオープンすることはできますけど。

とにかく生命の定義すら科学にはできないしね。私はそれは仕方がないと思ってますよ。科学者は別に無理をして定義しなくてもいいんじゃないですかね。仏教も生命を科学していますが、そこらへんの定義はしっかりとできていますよ。

ハナムラ　僕自身は生命環境科学の枠組みでランドスケープのデザインを学んだのですが、建築やプロダ

★9——染色体やゲノムにおいて機能が特定されていないDNAの領域のこと。

クトのデザインと違うのは、「生命を扱うデザイン」であるべきなんですね。植物も生命なので植えた時が一番美しい状態なのではなくて、常に木が成長・変化する。それは時間の要素を入れないと成立しないデザインなんです。だから命の働きに対して敏感になってしまいます。僕は仏教で言われる生命の定義を聞いたときに非常に腑に落ちたんですね。「生命とは心をもったもの」で、さらにその心とは「知る機能だ」と長老がおっしゃっておられたことに、僕はものすごく納得したことがあります。
一方で、現代科学では物質とは異なる心のエネルギーを認めていません。もし物理エネルギーとは違うエネルギーがあることを仮説としてでも素直に認めてしまえば、ものすごくいろんなことが合理的に説明できるのにと思うことがあります。
長老 それは彼らの信念に合わないし、心は測ることができないからね。しょうがないんだよ（笑）。たとえば嫉妬は心の状況でしょ？　科学的に認めなくても人には嫉妬があるんだからね。
ハナムラ 誰でも嫉妬をもっていますし、それは測らなくたって普遍的な感情として誰もが理解できるものですよね（笑）。
長老 怒りもそうでしょうしね。でも科学者が調べるのは、怒ったら脳にどんな変化が起こるのかとか、どんなホルモンが出てくるのか、とかですね。それで、逆にこのホルモンを注射すれば人は怒るだろうとかね。それは仏教的に否定しませんよ。でも怒りは心の管轄です。心が怒ったら特別なホルモンを出す。逆にそのホルモンを出したら心は怒るんです。それは別に特別なことではなく、こうすればこうなるというだけの話です。だから科学者に「心がない」ということを立証できないし、「心がある」ということも立証できない。それは科学における基準が違うんだから。
ハナムラ　でも量子力学[10]になってくると、あなたがたはどうするのかと。そうすると全部お手上げになっちゃったでしょ。物質の存在すら証明できなくなっちゃったんですね。
長老　量子もつれ[11]みたいな話になるとより複雑ですよね。観察者がいることによって、波動が粒子に変わって見えるなんてことになると、観察している我々の影響を無視できないんですから。
ハナムラ　量子の性質にアインシュタインはすごく腹を立てていたんだけど、仕方がない。アインシュタインは純粋に物理学的だからね。アインシュタインは立派ですし、いろんな法則を発見しましたけど、それは物質があるという前提で成り立つ法則ですね。しかしその法則の裏では、心というものがすべてを管理しているんだということですね。
仏教では身体という物質を作る要素が四つあると説かれているじゃないですか。カルマ[12]（業）とチッタ[13]（心）、ウトゥ[14]（時節：環境のこと）とアーハーラ[15]（食）。そのうち、カルマとチッタの二つは心のエネルギーで、これが身体を作っているというのはわかりやすいですよね。たとえば

★10——原子を構成する電子や素粒子などの微視的な量子の物理現象を扱う力学。
★11——粒子と波動の状態を同時に併せ持つ量子同士が相互作用することで、現実では起こり得ない強い相関関係にある状態を指す。
★12——業と訳され、一般的には行動とその結果を意味する。
★13——仏教における心の概念で、一般的には知性や感情や意志など、物質とは異なるものの総称として用いられる。
★14——一般的には環境や季節のことを指す。
★15——一般的には食物を指すが、刺激など精神に作用するものも含み、心身を維持するために必要不可欠な要素の意味。

怒ったりすると、ストレスの物質がでてくることは明白ですしね。カルマはちょっと証明しにくいのかもしれませんが。
長老　カルマをちゃんと科学的に説明すると、あれは「パターン」なんですよ。原因があってもすぐに結果がでるのではなくて、どんなときにどんなふうに結果がでるのかにはパターンがあるのですね。たとえば種を植えただけで、ざっと育って花が咲くのではなくて、なんとなくパターンがあるんですね。業《カルマ》は心の管轄ですから。
ハナムラ　そういうのを科学的に紐解いていきたいのですが、アビダンマ経典の整理の仕方には疑問がある箇所がいくつかあります。たとえば物質の分類にしても二八種類も本当に必要かなと思っています。最も基本的な「大色《だいしき》」[★16]という物質を構成する地水火風[★17]という四つだけでも良いと思うんですね。そのあとにアビダンマではさらに一七種類の「完色《かんしき》」[★18]、一〇種類の「非完色《ひかんしき》」[★19]が加えられていますが、これは物質そのものというよりも、物質の性質のことを指していると捉えられますね。他にも「因縁」に関する箇所でも、「縁《パッチャヤ》」が二四種類に分類されているんですが、そのなかには同じことを指していると思われるものがいくつもあったりとか。
長老　まあまあ、あれはお釈迦さまの直々の教えではないからね。私もそこらへんは足らないと、文句ばっかり言っていたしね。特に二四因縁は全然ダメでしょう。
ハナムラ　僕は二四種類のひとつずつを図表にして重複とマルバツの正誤をつけてみたんです。なかにはリピートされているものがあったりとか。物質の場合は地水火風の四つと、それからセカンダリー（二次的な）の物質で十分です。

ハナムラ　そうですよね、大色と完色の一八種類で物質を表すのには十分だと思うんですね。昔のお坊さんたちにとっては、性別もすごく気になっていたからね。だから性別もしっかりと説明してやろうと思って、性別に関する物質として「性色」も出ているんですね。それはまんざら悪くないんです。たとえば我々の細胞をチェックすれば、染色体で男か女かを簡単に言えます。
長老　現代の世界では性的に変わる人間もいるんですね。手術とかで人工的ではなくて、自然に別の性に変わってしまうという感じでね。仏教の仏典でもそういうことが起きたというエピソードがあるんです。そういうことがあるから、なんで性別に関する物質をアビダンマに入れているのかは、よく理解できていないところもあります。
またアビダンマのテキストを書いた当時の人々は、男は偉くて女はそれほどでない、というすごく気持ち悪い考え方をもっていたんでしょうね。でももう少し科学的に見ると、女のほうが偉いでしょう？
ハナムラ　人間はすべて女性から生まれてきますからね。

★16――仏教で説く物質の構成要素で地水火風の四種を指す。
★17――物質の性質や作用を表す。地は堅さや重さ、水は湿性や凝集、火は熱と成熟、風は動作や拡散といった、それぞれの性質を表す。
★18――浄色（五つ）、境色（七つ）、性色（二つ）、心色、命色、食色の一七種類の物質で、実際に存在し物質として完成していると言われる。
★19――分断色、表色（二つ）、変化色（三つ）、相色（四つ）の一〇種類の物質の状態を指す。

長老　そう、女が産んで、女が人間を育てるんだからね。この世界、地球全部は女が作った世界だと言えますね。我々は不公平なことをやって女を抑えているので、世界が平和ではないんです。世界と人間を作った母親が面倒を見てくれるならばＯＫでしょう。母親にぶたれても、文句言えないでしょうし、母親も「お前は性格が悪いからご飯あげません」とかはないでしょう。だから世界を管理する権利があるのは女なんです。それに逆らって、人工的に男中心に世界を作って、宗教も作って人間に迷惑をかけている。
ハナムラ　そう考えると母性社会のほうがうまくいきそうですね。その一方で、女性が男性の理屈にからめとられてしまう部分もあるように思います。
長老　拳を振り上げて、「女性のほうが偉いんだ」というのもどこか変ですね。結局は男性が女性を差別するのと同じことで。
ハナムラ　そうそう、だから「偉い」という単語が良くないんだけど、誰が優先かと考えること自体が、人間の考えが狭いんですね。それを私はすべて奴隷システムの仕組みだとまとめちゃうんです。偉い偉くないとなんで区別したがる？　それは奴隷だからです。奴隷システムでは、「They are always master, and they are slave.」（奴らはいつも主人で、こいつらはいつも奴隷）。なんであっても我々はこの二つに分けちゃいます。
長老　社会も人間関係もそうやって一度決められた優先順位や価値付けが固定していくんですね。科学でも似たようなことがあるように思えます。もう少し柔軟に、因果法則によって無常に移ろう現象でしかないことを根底において科学を組み立てられないかと。ひとつの物事を成り立たせているのは、無数の直接的原因と無数の間接的な縁でしかない。そしてそれもずっと続かないし、すべてはいま一時的に現れた現象で、次の瞬間にはもう違うものになっている。
長老 うん、違うものですね。
ハナムラ だから「無常のサイエンス」というべき考えをしっかりと根底において物事を学ぶべきだと思うんですね。
長老 科学の世界は絶対的な真理という概念がないから、それはそれで素晴らしいと思いますよ。今のデータではこんなもんだとある程度で理解するとかね。でも科学者は昔のじいさんばあさんのように、すごい物語を作りますよ。特に宇宙科学の場合はほとんど物語。データがない（笑）。
ハナムラ 本当なのかなと思うことがいっぱいありますよね。
長老 それはそうなんですよ。
ハナムラ でもブッダの教えを勉強していくと、言っていることに妥当性があることが多いのに気付くんですね。たとえば、すべての現象を「ドゥッカ（苦）」という一言で集約した智恵はすごいと思うんですね。
ドゥッカは日本語では「苦」と訳すけど、それは文字通りの「苦しみ」ということだけではないことに気付くんですよね。モノがじっとしていられない、常に何か不安定な状態で、ずっと動かざるを得ないということを、ドゥッカという一言で表現している。それは量子だけでなく、人間とか生命にも同じことが当てはまる。とにかくじっとしていられないから何かをしたくなって動くということですね。

長老 そうそう、「フラクチュエーション」。揺らぎがあるんですよね。
ハナムラ そういうことを我々も意識したうえで、次の科学のガイドが必要だと思っています。まあ経典とは違って、アビダンマにはブッダの言葉が完璧な形で書かれているのではなく、かなり解釈が入っているとは思うのですけど。
長老 まあ、アビダンマのここらへんは気に入らん、ここらへんは良いというのは構わないと思いますよ。アビダンマそのものがブッダの直々の教えじゃないんだからね。私もアビダンマでは心の分析は足りないと思っていますよ。それはしょうがない。
アビダンマは、解脱を目指して修行するお坊さんたちのためのものなんですよ。だから修行する人々にはものすごく役に立ちます。修行にはいろんな波があるので、自己観察するときはアビダンマは役に立ちます。
自分の思考をコントロールするときでも役に立ちます。思考というのは人間にはコントロールが非常に難しいんですよ。でもアビダンマを知っている出家の人々はできます。この思考はこういう理由でやめましょうとかね。たとえば、我々僧侶は性欲をストップする生き方をしているでしょ。でも科学では、それは生物学的に成り立たないと言いますね。
我々は遺伝子が心によってオンオフすると知っています。だから心のほうで、思考パターンを変えて遺伝子がオンにならないんです。いくらここに女性がいっぱいいたとしても、こちらの男性遺伝子はオフになって、ホルモンを出しません。それはそんな迂闊に誰にでもできることではないんです。これは仏教の世界でしかできないことなんです。

ハナムラ　いまの科学のひとつの限界は、対象を外から客観的にしか観察できないという問題があるように思えます。僕がいう「まなざしのデザイン」は対象ではなく、自分という主体をどうやってデザインするのかということなのですが、これはある意味では修行のようなものなんですね。昔のお坊さんたちは道具をまったく使わずに、精密に世界の仕組みを分析しようとしていた。実験器具を使って何かを計測して数値化していく方向ではない科学。それも必要だと思うんですね。
長老　今の科学が行き詰まっていて、そのことで世界がおかしな方向になっているのであれば、別の科学のもとに別の社会のシステムを作っていかねばならない。その際に自分の内部の観察をする科学のあり方というのが当然必要になってくると思っています。そこで科学やベースになるものを定めるために、ブッダの智慧をしっかりと見直すなかにヒントがあると思うんです。
ハナムラ　それは本当は当然だと思うんだけど、まぁ私の立場では言いにくいんですね。科学はいろんなガジェット（gadget：道具、装置）がいっぱいあるから、それを使って人を助けてあげる。しかし助けてもらうたびに人は弱くなる。たとえば身体が病気になっても、身体を治す力は本当は身体にあるんです。でも薬を開発すると、その力がいらなくなるでしょ。自然治癒が必要なくなるんですね。もし自然的に治すならば、ホーリスティック（全体的）に回復しようとするので、ちょっと時間がかかる。傷の部分だけテープを貼るのではなく、全体的にするんです。
その話はさっきのテクノロジーの話と似ていて、テクノロジーや薬に頼ると我々の身体も能力もどんどん弱くなっていく。最近特にそう感じることが多いのは、わざと我々の能力を下げられているんじゃないかということですね。我々が強くて自分で何でもできてしまうと商売にはならないのです。僕らが弱くなればなるほど、薬や道具が必要で、それが占める領域がどんどん大きくなっていく仕組みがある。
長老 そうそう、だから結局は奴隷システムでしょ。このシステムはものすごくベーシックな部分にプログラムされるんですね。
ハナムラ ええ、まさに奴隷システムですね。

子供への教育の重要性

長老 赤ちゃんや小さな子供たち、小学校に上がる前の子供たちは、我々大人とはものすごく違う生命体でしょ。言うこと聞かないし、自分のやりたいことをやる。だから保育士さんたちがはちゃめちゃ苦労するんですね。私の住んでいるところでも託児所があって、子供たちを外へ出すんですが、一人が突然泣き出しちゃうと、保育士さんが抱っこして泣き止ませるんですが、そうするともう一人が泣き出す。それ見て、抱っこしても、また別の一人が泣き出す。やれやれと、手に負えない（笑）。
でも私にはあの姿は、ものすごくかわいいんです。なぜかというと、みんな自由だからなんです。子供は泣くことに意味があるかどうかわからない。とにかく泣くことは自分がする仕事で、自分のことをかわいがってくれる人がいれば、それなりに手を振って、また忘れる。あの自由さね。
ハナムラ　そうなんですよね。それが大人になるにつれて……。自分のなかに機械的な奴隷プログラムを入れちゃうんですね。
長老　その自由を小学生から壊して壊して……。
ハナムラ　隣の子に優しくしてあげたりとか、ものをあげたりとか、人として当たり前に大事なことって、子供の頃に読む絵本に大体書いてあると思うんですよね。そのことをずっと覚えていたらいいのに、大人の世界では何か理由をつけて、どうやったらお金が儲かるかとか、どうやったら社会のなかで高い地位につけるとか、自分で自分をどんどん奴隷にしていってしまうんですね。大学に入る頃にはもう手遅れな部分もあります。
長老　そうそう、中学と高校の間の思春期みたいな時期は大人になる時期だからね。そのときに混乱して、一番乱暴になるんですよ。その時期に自由に生きることを教えることができれば、すばらしいなと思いますけどね。
ハナムラ　やっぱり一〇代の間は、真実が何かをすごく気にする時期なんですね。どうも大人は嘘をついているらしいということを、その年代の子たちは見抜くんです。小さい時は天真爛漫に自由にやっていたのに、これをやってはだめだとか、社会ではこういう規則があるとか、外からだんだん自由を制限される。大人の言う通りに従う態度に洗脳されていく時期ではないかと。それがなぜダメなのかを理解できずに混乱して、大人はなぜそういうことを言うのかを見抜こうとする。その時期に大人が力ずくで押さえつけてはダメなんですよね。そこで、「なぜダメなのかを自分で考えてみようよ」「ひょっとしたら大人が嘘をついているかもしれないよ」と、自分で考えて確かめてみる道が示せればと思っているんですね。
長老 ハナムラ先生がおっしゃっていることをシンプルに言うと、「生きることは自分の責任」ということですね。それを教えてあげなくちゃいけない。母親の責任でも、教師の責任でも、社会の責任でもない。生きることはあなたの責任。だからといって、単独では生きられません。あなたが着ている服も、人が作ったもの。だから周りの生命をあなたも助けてあげなければいけない。その助けてあげることもあなたの責任。
もしあなたが誰かと対立したなら、あなたのそのプログラムは間違っている。あなたの人生の運転が間違って事故っている。人生の運転でも事故はダメで、誰とも対立して当たらないで進む必要がある。もし道路に石が転がっているなら、それをどかしてあげて、道路をきれいにして、事故を起こさずに進むんだよと。そういうふうに、「生きるためのプログラム（program of living）」を子供たちに教えると一発で理解すると思いますよ。
ハナムラ そういう理性的な思考がとても重要で、「つべこべ言わずにやりなさい」と感情的に押し付けたり、「信じなさい」と強要することではないんですね。「こうすると、こうなるよね」という因果関係を伝えると、それをしっかりと理解する子供たちはいっぱいいると思います。
その一方で、特に頭だけが発達した子供たちのなかには道徳観念が下がっていく子がいるんですね。頭ばかりを使って、人を見下してしまったりして。
長老 その道徳が下がっている子供たちは精神的にちょっと病気で、その子たちも被害を受けてしまっているんですね。普通は子供たちはすごく道徳観をもっています。そこまでなくてもいいんじゃないと思うくらい。「もうちょっとふざけたら？」と、私は本当に言いたくなることがありますよ。
ハナムラ 日本の子供がですか。
長老 そうそう。でも、そのなかでいじめとかあるんですね。いじめがあると、ちょっと社会適応性に問題が見えてくるんですね。それはその子たちが生きている環境から生まれた問題で、そこは治療してあげなくちゃいけないんです。そういうことを日本の学校でやらないんですね。たとえば、いじめる子たちに生きることを学んでくださいと、本当は教えてあげないといけない。子供たちは、もしかすると愛情が足りなかったとかいう場合があるかもしれない。みんな自分のことにアテンション（注目）が欲しいでしょ。だからアテンションが足りなかったとかね。そこらへんの配慮が必要ですね。教師たちも学校で子供たちと一緒に一日中生活すればいいでしょうね（笑）。アテンションが足らないなと思う子がいると、その子にちょっとアテンション投げたりしながらね。自分へのアテンションがなかったことが、いじめるひとつの原因ですけど、基本的にはみんな道徳的でしょ。
ハナムラ 本当に自分で考えて、道徳的になっているのだろうかという心配はありますけどね。
長老 まぁ、大人の世界ではちょくちょくと道徳を守らない。
ハナムラ 大人のほうが守らないし、大人が押し付けることもありますね。
長老 たとえば、子供のほうが「お父さん嘘をついた！」と言って喧嘩するでしょ。子供たちのほうが厳しいんですよ。そこでお父さんは負けるんだけど、「あなたも嘘をついたでしょ」と逆襲すれば問題解決しますけどね（笑）。
ハナムラ そうですね、嘘に敏感な年齢なのでね。それがある年齢を過ぎると自分が嘘をつきだすんですよね。そして大人になっていけば、嘘ばかりになる。
長老 とにかく一人ひとりの人間は、小さいときは自分がすごく大事な存在であるという自覚認識で生きているんですね。教育がそれを壊して、壊して、壊しまくってね……。難しい宿題が出て、三分の一間違っていると、人格がボロボロになるでしょ（笑）。そういうことで、なんとか自立する精神が壊れていってしまうんですね。逆に満点だったらほめてもらって、しっかりと奴隷になっちゃってね。そういうふうに科学や政治学、経済学などすべてまとめて、恐ろしく人を奴隷にするというね。
ハナムラ どうしたらいいんですかね……。

シュメールの神々と神通力の正体について

長老 奴隷システムは人間の脳に開発されたプログラムですが、連中は途中でおいて逃げたんだからね。あの話が正しければ。
ハナムラ さっきのシュメールの話ですよね？「アヌンナキ」★20の話ですかね。
長老 そう、アヌンナキ。あいつらが逃げちゃったんですね。

コラム◉仏教における神々

仏教では、六道という六つの世界が設定されており、それぞれが階層構造になる世界観となっている。上から順番に、天界、人間界、阿修羅界、餓鬼界、畜生界、地獄界の六つで、悟りを開いて解脱するまで、すべての生命はこれらの世界のいずれかを輪廻転生するとされる。地獄界から天界の下位六つまでは欲望に囚われた世界であり、それを「欲界」と呼ぶが、その上には欲を離れた「色界《しきかい》」という物質的な世界と、「無色界《むしきかい》」という精神的な世界がある。この三つの世界を仏教では「三界《さんかい》」と名付けている。この色界と無色界のそれぞれには、「梵天《ぼんてん》」と呼ばれる神々がいるとされる。この「欲界」のなかでも天界に属する世界に神々のような生命がおり、人間と同じく欲望をもった存在であるため「欲界天《よくかいてん》」と呼ばれる。
欲界天は六欲天とも呼ばれ、六つの分類と階層をもって語られる。それを上から順番に示すと、他化自在天《たけじざいてん》、化楽《けらく》天《てん》、兜率天《とそつてん》、夜摩天《やまてん》、忉利天《とうりてん》、四大王《しだいおう》衆天《しゅてん》となる。

生命と生命を超えた全ステージの図

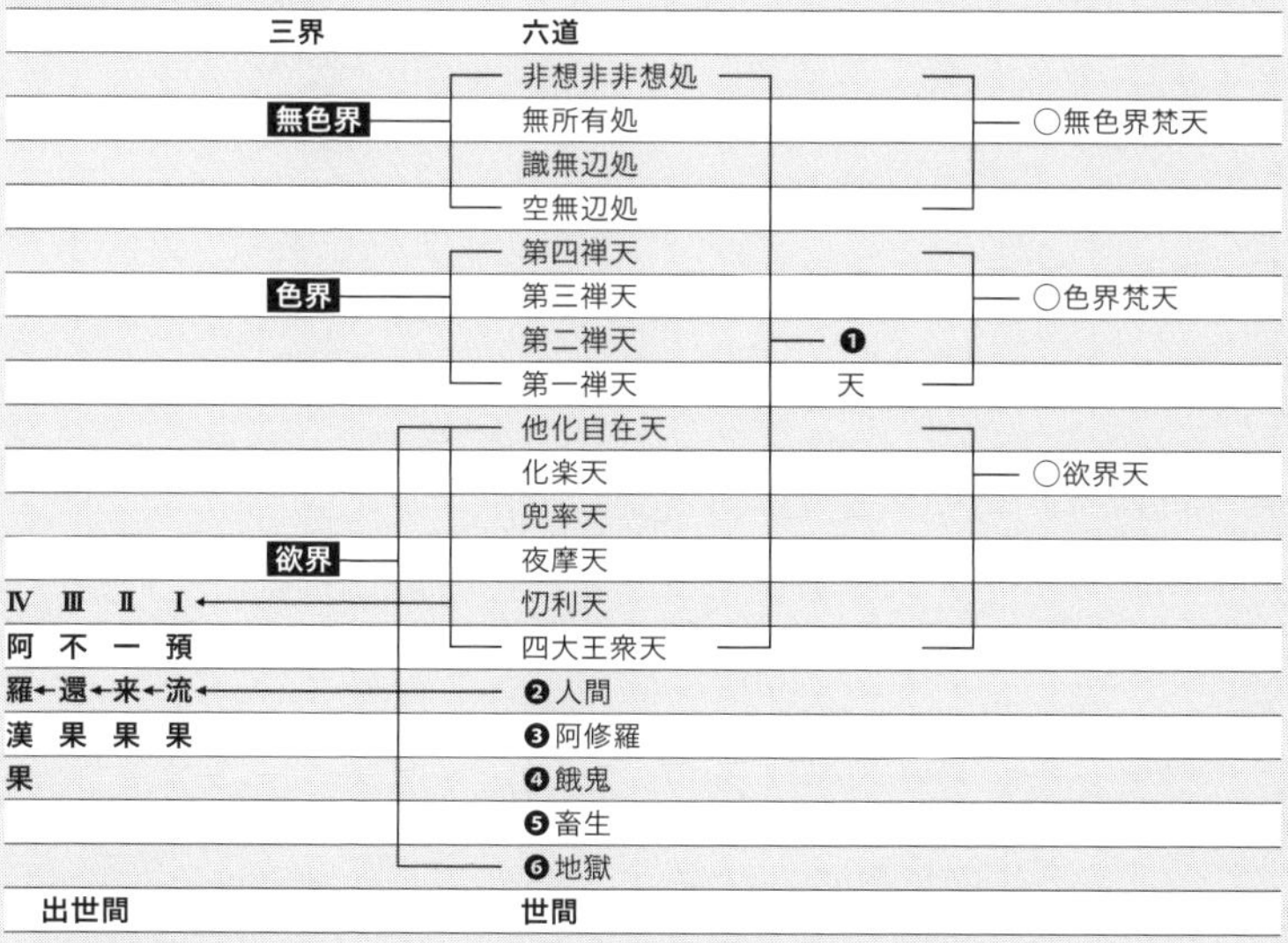

○色界第一禅定にあるもの五つ：尋、伺、喜、楽、一境性（自他の一体感「梵我一如」）
→禅定の段階を上がるにつれて減り、第四禅定で楽の代わりに平安（捨）だけになる。
一境性は色界禅定すべてにある。

○無色界禅定は色界第四禅定をベースに、物質や対象を捉えない心だけの世界に入る。

○預流果で消える煩悩三つ：有身見、戒禁取、疑
・一来果で薄くなる煩悩三つ：貪、瞋、痴
・不還果で消える煩悩五つ：有身見、戒禁取、疑、貪欲、瞋恚
・阿羅漢果で消える煩悩五つ：色貪、無色貪、慢、掉挙、無明

参照：藤本晃2019「仏教から見たIll-beingとWell-being」
『トランスパーソナル心理学／精神医学』18-1, p17-27所収p20の図

ハナムラ　あれは仏教で語られる「神々」という理解で良いのでしょうか？
長老　まあ、神と言っているんだけど、人間ですよ。「アヌンナキ」って「People of the sky」という意味でしょ？　だから神と言っても人間ですよ。
ハナムラ　ということは、欲界天の神々でもないのですね。
長老　ただのＥＴ（The Extra-Terrestrial：地球外生命体）でしょう。神々というのもあやしい。地球でどうやって人間が現れたのかというのは仏典でもあるんですよ。アーバッサラという梵天界から神たちが来て住みましたよと。そうするとシュメールと同じストーリーでしょ。ダーウィンの進化論は仏典にはないんだからね。
ハナムラ　僕自身はダーウィンの進化論は半分あやしいと思っている部分がちょっとあるんですけどね。
長老　そうね、進化もあるんだけど、すべてが進化ではなくて、いろいろと外部からのサポートもあります。とにかく、このあたりは理解できないところもありますから。仏教にも、神たちが地球に来て住んで、どんどん堕落してこの地球環境に同化してしまったという話はあります。地球にやってきた神々は相当能力が落ちてしまった。たとえば本当は空でも移動できるんですね。その空間を移動するためには、物質を管理する能力が必要でしょ。物質はないんだから、素粒子の波長管理をする。それは心でやらなければいけない。心で指令すると、物質は従ってくれるしね。でも、その心の能力がどんどん落ちてきて退化して、最終的には土（物質）と一緒になってしまったんですね。
そうすると性別が現れてきて、子供を産んで自分をコピーする羽目になっちゃったんです。そこに感情が割り込んできて、進化プログラムはさらにバグが入って、うまくいかなくてね。本来人間には膨大な能力があるんですね。でも、いま我々はなんで力が発揮できないのかというと、すべて感情で蓋《ふた》をかけて抑えられているんですね。感情というのは自我[21]がいちばんボスで、自我が考えちゃうと何もやりたくなくなって、怠けたいんです。そのあたりをちょっとコントロールして自我の働きを鈍くしてみると、すごい能力がでてきますよ。
ハナムラ　今の話は第四禅定[22]に入ったときに超能力が使えるような話と関係してますよね。煩悩を抑えて禅定に入っていって、第四禅定の段階から神通力が使えるようになる。
長老　プログラムにはステージがあるから、第四になると煩悩を一時的にクローズすることができます。煩悩は心に全然影響を与えません。そのときの本人たちには身体があるという認識がそれほどないんです。あるようでないようで、そんなに身体を感じないんですね。
ハナムラ　その状態で物質を構成する地水火風にアドレスする（働きかける）ってことですね。
長老　そう、そこでアドレスすると、物質がそのようになるんです。
ハナムラ　人間にはいろんな能力があるのに、さっきおっしゃっていたように感情で抑えられているところを少し開発して開くことで、能力が発動する。
長老　仏教の専門用語で「蓋《ふた》」と言います。五蓋《ごがい》[23]といって五つの蓋で抑えられている。このひとつず

★20——古代シュメール、アッカド、アッシリア、バビロニアの一群の神々を指す。
★21——「自分」を認識する心の働きを指す。
★22——瞑想状態の段階のひとつで、初禅、二禅、三禅と段階を経て至る、精神集中が非常に深まりきった意識状態を指す。

つの蓋が奴隷のアルゴリズムに必要なものなんです。
ハナムラ　これは僕の個人的な関心ですけど、瞑想の第四禅定に入ってサマーディ[★24]状態になったときに、物質にアドレスできる理屈について僕なりの仮説があるんですね。なぜ第四禅定では物質にアドレスできるのだろうかということをずっと考えていました。
量子もつれの理論では、物質が粒子と波動の重ね合わせの状態になっているのですが、基本的にはまず波動がデフォルトの状態ですよね。その波の状態が、「誰かが観察した瞬間」に粒子のようなふるまいをするというのが今の量子力学の理屈じゃないですか。それで心がサマーディの状態に入っている時に、おそらく物質をそのまま波の状態で扱っているのではないかと思うんですね。
長老　サマーディ状態を作る前に、まずどんなふうにアドレスするのかを前もって知識で教えておくと、その通りにプログラムされます。瞑想する人はまず一旦プログラムをセットしておくんですね。それを心に入れてから、サマーディに入ったらその通りに無事いきます。
宇宙計画と同じでしょ。たとえば、宇宙船をおくる場合は、初めから軌道のプログラムを組み立てて、打ち上げたら、その通りに動くだけでね。宇宙で方向をちょっと変えたくなりましたと言っても、変えられませんからね。すでに飛んでしまった宇宙船を月のほうに送りたいと突然言っても、初めからそのプログラムを組んでないと不可能です。プレプログラミング（事前プログラミング）というのは、いろんな分野で必要になるんです。
ハナムラ　瞑想の場合も同じようにプレプログラミングが必要ということですね。地水火風の四大元素のなかで、たとえばパタヴィ（土）という特定の対象にフォーカスして瞑想していく。そうすると土の特性である重さとか固さ、つまり重力がコントロールできるようになると説かれているお話ですね。だから、その対象についての集中力をずっと育てていくと、それをコントロールする能力が開花するということですが、僕がさっきお聞きしたのは、その原理がどうなっているのかということです。おそらく素粒子にアクセスしているのではないかと思ったので。
長老　そうそう、素粒子にアクセスしてます。
ハナムラ　そのときの方法として僕自身が仮説として考えているのは、おそらく物質化する前の波動の状態へアクセスしているのではないかということです。第四禅定のサマーディ状態になると自分と対象物が一体化した状態なので自分がいなくなる。つまり、物質は「観察されていない状態」になっていると思うんです。
長老　そうそう、自分がいないんです。
ハナムラ　そうなったときに、対象物を粒子化せずに波動のまま使えるというのが神通力の正体ではないかと理解しています。
長老　そうそう。だから、禅定に入るちょっと前にプログラムしておかないとダメでしょ。
ハナムラ　プレプログラミングしたものをもってそのまま進んでいくので。

★23——仏教において禅定状態や悟りへ至ることを邪魔する要素を指す。貪欲（異常な欲）、瞋恚（異常な怒り）、惛沈睡眠（眠気）、掉挙悪作（浮つきや後悔）、（仏道に対する）疑の五つの蓋。
★24——瞑想によって精神集中が深まっている意識状態。三昧と訳される。

ブッダは禅定が作れるようになった人にはいつでも禅定に入って、いつでも禅定から出られるように訓練しなさいと言われたじゃないですか。心を停止させる「滅尽定」[★25]のときも禅定中は心が停止している状態なので、最初から一週間後に出ますということを決めて入らないと、そこから出られないですよね。プレプログラミングの話はそれと近いのかなと思っているんですけどね。
長老 だから我々の俗っぽい単語でいうと、「タイマーをつける」ということです。
ハナムラ 先にセットしておくということですね。なるほど、今の話でそれが確認できました。

地球平面説と古代文明

ハナムラ 長老も以前に取り上げていましたが、最近にわかに出てきた仮説で「地球は平らだ」と主張する「地球平面説」をよく耳にするんですね。我々は地球が丸いかどうかなど自分で確かめたことないし、そもそも一九六八年にＮＡＳＡがアポロ八号を打ち上げて、月の軌道上から撮った写真を証拠に丸いことになっている。でも、その丸いということ自体が本当なのかと疑っている人々が世界中にいっぱいいます。そのことをどう理解するかですが、どう思われますか。
長老 説があるのは知ってますよ（笑）。でも、こいつら何を考えているのかと思っちゃったんですね。どうやっても「地球が平ら」というのは成り立たないしね。
ハナムラ この説の背後には天動説への回帰を唱えるキリスト教的なバックグラウンドがありそうですが。

長老　ある科学者が何かの番組で、いろんな人が唱える「地球は平らである」という理論を全部まとめて、一言二言で却下したことがあるんですね。
ハナムラ　論破したということですね。
長老　なんか笑っちゃって（笑）。
ハナムラ　我々には直接確かめようはないんだけど、人間の知覚では平らに見えたとしても、いろんな角度からデータを検証したら理解できることもあると。
長老　昔のギリシャ人もそれは数学でやっていたでしょう。
ハナムラ　ええ、違う地点に棒を立てて影の長さを測ってと、やっていたみたいですね。
長老　そうそう。
ハナムラ　なぜこの話を取り上げたかというと、科学理論とか、報道なんかの情報でもそうですけど、ファクトかフェイクかよくわからないようなものがいっぱい入ってくる時代だと思うんですね。そのなかには自分で確かめられることもあれば、自分では確かめられないこともあったりします。すごく情報化社会が進んできたことによって、どれも同じ情報として並列に並べられてしまうから、多くの人は何を信じていいのか非常に迷うと思うんです。
長老　みんな興味をもって勉強したりするんだけど、それはゲームをやることとそんなに変わりなくて、ちょっと刺激が欲しいだけでしょうしね。だから情報をとるのは悪くないんだけど、自分

★25――瞑想によって感覚や意識の働きを一切停止させる「禅定状態」。実際には心身の作用が完全に滅した解脱の状態の「禅定」。

にどれくらい情報を処理できるのか、脳がどこまで使えるのかという問題もあるしね。
ハナムラ　さっきのアヌンナキの話や今の地球平面説の話というのは、今の科学知識に対するオルタナティブ（alternative）やカウンターとして唱えられるカテゴリーに入れられる話題です。でもアヌンナキは正しそうで、フラットアースは間違っていそうだという判断はそう簡単ではない部分もあると思っています。情報は次々にいっぱい出てくるし、どれもデータとして信ぴょう性があるようにプレゼンテーションされる。だから、どれを信じていいのかわからないという話は無理もないのだろうと。
長老　それはありますね。たとえば、シュメールの言語とかは、読み方が正しいかどうかすらわからないしね。私も読んでみようとトライしてみたんです。
ハナムラ　楔形文字《くさびがた》ですね。
長老　あれは粘土板がないと書けないんですね。私はボールペンで書けるならば練習できるけど、書けませんね（笑）。
ハナムラ　いずれにせよ我々がいま生きている科学文明とは全然違う文明が昔にあったんじゃないかということは推測できますね。
長老　ねぇ。なんかあやしいね。たとえば、インドの文化や神話を見たっても、神々と会って対話している物語でしょ。神々がいて、人間がいて、お互いがけんかしたり、助け合ったり、いろんなことをしている。
ハナムラ　同じように日本の神話にも神々のことはたくさん出てきますね。

長老　だから神々というのもいま現在、我々が思っている得体のしれない存在ではないんです。
ハナムラ　建築学的に考えると、ギザのピラミッドのようなものは人の手で造ったというのは疑問点が残るんですよ。平均して二・五トンの重さがある石が二〇〇万個以上も積まれているんですから。しかもクフ王が生きていた二〇年そこそこの期間に建造したという学説が正しければ、すごいペースで積まないといけないような計算になる。だから僕自身は今の科学や学説で説明できることがすべて正しいとは思っていないんです。もっと優れた科学をもった先人たちがいた可能性も排除はできない。
長老　優れた文明があって、それらがつぶれたという証拠があるでしょう。エジプトがそうでしょうし、インドのモヘンジョダロやハラッパー、マヤ文明もそうでしょうし。そうしたものを、この奴隷システムができてきたら、残酷に壊しちゃったんですね。アレキサンドリア[★26]にすごい図書館があったんだけど、全部燃えてしまった。
ハナムラ　ええ、ええ。
長老　アヌンナキからの歴史が全部書かれてあったでしょう。あの有名なクレオパトラもかなりの知識人でしょ。いろんな言語ができて、彼女が書いた本もあったんだからね。その内容がどうであっても、それは残すべきなんです。
ハナムラ　僕はアレキサンドリアの図書館は意図的にわざと燃やされたんだろうなと思うんです。

★26――エジプト北部沿岸部の都市アレキサンドリアにプトレマイオス朝からローマ帝国時代にかけて設置されていた大図書館。ヘレニズム時代の学問の中心地だった。

長老　わざと燃やしたんですよ。
ハナムラ　伝承させたくなかったから。
長老　そうでしょうね。

人間は遺伝子改良で生み出されたのか

長老　スリランカの場合でも、我々が昔からもっていた注釈書を燃やしちゃったんです。本が膨大にあったんです。それをほんの小さなスペースに入れることができるくらいのパーリ語[★27]で書かれた注釈書だけを残しちゃって。五階建ての建物が二棟くらい必要なくらいの注釈書を全部燃やした。
ハナムラ　シンハラ語（スリランカの言語）の注釈書ですか？
長老　うん。信じられないような行為です。だからおそらくブッダのことも相当なくなった可能性がある。そもそもシンハラ民族とブッダはあまりにも関係が深いんです。
ハナムラ　ブッダはインドではなく、ひょっとしたらスリランカで生まれたんじゃないかという……。
長老　そういう話もあります。我々は信仰として仏教を受け入れているわけじゃないんです。遺伝子として仏教があるんです。
ハナムラ　パーリ語で使っている言葉とシンハラ語で使っている言葉のなかに同じような単語があったりするんですよね。

長老　それはもう六〇％くらい。
ハナムラ　そうすると仏教も意図的にインドが発祥だということにされたのではないかと思ってしまいますよね。
長老　パーリ語はインドにはないんだからね。ブッダという偉い人がインドにいたならば、なんでインドにテキストがないんですかね。なんでスリランカ人はそんなに真剣にブッダの教えを守るのか。そういう部分でもわからないところがある。そこでスリランカの歴史でも、神話になっている部分では、昔はすごい文明があったことが見える。神話だからちょっと考古学的に確かめる方法がないんですけどね。インド人もヒンドゥー教の文化と比べて、スリランカというのは優れていたとか、みんな飛行機をもっていたとか。
ハナムラ　飛行機？
長老　そうそう。よくインドに飛行機で来て、邪魔するとかね。インドの宗教のもとの教えになっているラーマーヤナ[★28]、ラーマとシーターの物語。あれはラーヴァナという王さまがシーターをいじめたっていう話でしょ。あのラーヴァナはランカ島に住んでいるスリランカ人だったからね。インドまで飛行機で行ったんです。

★27――上座部の経典で使用される言語。パーリの本来の意味は「聖典」で上座部ではインドのどの言葉とも異なるブッダの金言専用の言語を意味する。
★28――古代インドの大長編叙事詩でヒンドゥー教の聖典のひとつである。コーサラ国のラーマ王子の物語で誘拐された妻のシーターを取り戻す話などが描かれている。

インド人が神々たちを拝んで、生贄を捧げたり、いろんな儀式をやっているのが、スリランカの連中は気に入らない。だからちょっと邪魔しようと思って行くんです。インドの人々が火を焚いて大袈裟に歌いながら儀式をしていると、飛行機で上から何かを落として帰っていくんです。そうすると儀式が乱れてしまって続かなくなるんです。すごく腹が立つのは当然ですね。スリランカの夜叉《やしゃ》[★29]たちがやったことは正しくはないんだけど、いたずらしたい気持ちは理解できます（笑）。でもいたずらをしても、ある程度だからね。インド人の大事なキャラクターのラーマの奥さんをさらっていった。その理由は、女が好きとか、性的にいじめるということではなく、大事に住まわせてあげる。たださらってきてインド人のプライドを傷つけたいだけ。
ハナムラ　なるほど。
長老　でもそのことでスリランカはインドの猿軍隊が来て結構ダメージを受けたんだけどね。猿軍隊といっても、おそらくわざわざ遺伝子を改良して作ったんでしょうね。
ハナムラ　その遺伝子改良は人間がしたのですか？　それとも神々がしているんですか？
長老　人間ですけど、あいつらは自分たちを「神」と言う。それだけ。日本にしたって、天皇を神と呼んでいたけど人間でしょ？
ハナムラ　結局は「人類」という生命ということですね。勝手に神というラベリングをしているだけで。
長老　そう。ラベリングしているだけでね。ホモ・サピエンスではないだけ。
ハナムラ　ホモ・サピエンスではない人類というのは人類学的にいっぱいいますからね。
長老　ホモ・サピエンスが出てきたので、そちらをサンプルにして遺伝子を改良しちゃった。しかし能力的には神々と人間はまるっきり同じですね。
ハナムラ そうかそうか、なるほど。
長老 ヤハウェ[★30]が人間を造ったのも、ある意味で奴隷プログラムでしたからね。人間に他の獣の管理をさせておこうと。ストーリーのなかではアダムという名前の人間がいますよね。それでそのままヤハウェはどこかにいってしまって、忙しくしてなかなか帰ってこない。宇宙を旅する連中だから。
それでヤハウェがどこかにいって戻ってこない間にルシファー[★31]がやってきてアダムたちに言うんですね。「なんでお前ら動物と一緒にいるんですか」と。アダムは「だって私たちは動物と同じでしょう」と答えるんですね。そこでルシファーは「動物とは違いますよ。お前と私たちはまるっきり同じなので、動物と一緒にいて、家畜のような生活をするのはやめなさい」と言ったんだとか。
ハナムラ うーむ、たしかルシファーはヘビでしたね。
長老 それでアダムは我々も神さまと同じだと気付いちゃって。そのことにヤハウェは腹が立ったんでしょうね。「ルシファー、お前がすべて壊しちゃった」と。それから再び来るぞと言ってどこかへ消えちゃったんです。来るわけないんだけど、待っていなさいと言われたので、キリス

★29 —— 一般的には古代のインド神話における鬼神の総称を指す。後に仏教に取り入れられて神の眷属として扱われる。
★30 —— モーセに啓示された神の名で、旧約聖書や新約聖書等における唯一神、万物の創造者の名を指す。
★31 —— キリスト教において堕天使の長であるサタンの別名であり、ラテン語で明けの明星を指し「光を掲げる者」という意味をもつ。

ト教の人々は再び神が来るまで待っているんです。二〇〇〇年に帰ってくると思って、すごく怯えたんですね。二〇世紀の終わりに神がきますよと私も脅かされたんですけどね。でも「ああ、そうですか」と（笑）。
ハナムラ　ありましたね。ノストラダムス[★32]の予言の話とかですね。
長老　そう。すごい王さまがやってくると。
ハナムラ　今の話は旧約聖書の「創世記[★33]」の話ですよね。アダムとイブが、ヤハウェにエデンの園から追い出された理由のあのくだりですよね。
長老　まぁ、そういう物語。物語というのは「モノ語り」だから、歴史じゃないんだからね。
ハナムラ　でも歴史って物語ばかりで、僕らが習う歴史は本当なのかと思うことがいっぱいありますね。歴史は基本的に勝ったほうが書くので、負けたほうの歴史は残らないですしね。
長老　残らない、残らない。かなり捻れがありますね。
ハナムラ　書くほうは都合良く書くでしょ。でも、それに反論したり証明するための何かデータがあるのかといったら、それも見当たらないし……。だから歴史というのは非常に難しいんですよ。でも、その歴史にもとづいて国同士が争ったり、いろんなことが進んでいってしまう。
長老　もう本当にね（笑）。
ハナムラ　どうしたらいいんでしょうね（笑）。
長老　アダムという一匹の人間から人類を作ったということですけど、「アダム」というサンプルケースをたくさん作ったね。インドでも、インドネシアでも、南アメリカでも計画がありましたからね。だからそれぞれ文化も民族も違うでしょう。
ハナムラ　みんなホモ・サピエンスということなら、地球上のどこにいても似てるはずですけど似てないしね。どう見たって中国人とインド人もちょっと違うしね。アジア系の我々はアフリカ系のネグロ民族ともちょっと違う。人間としては同じですけどね。
いまの進化論での主流は「アフリカ単一起源説」といって、人類はアフリカで生まれて拡がったと言っていますけど、僕自身は疑問も抱いています。もうひとつは「多地域進化説」といって、地球上のいろんなところで生まれて進化したのではないかとされますね。特にミクロネシアとか、太平洋とかあのあたりがかなり古くから人類がいたという説を唱える人もいます。
長老　そうそうそう。一応骨とか見つかってますからね。
ハナムラ　そういう意味でいうと、科学の理論とか教科書で習うことの半分くらいは本当かなと思うんですね。
長老　まぁ、役に立たないものたくさんありますよ。スリランカでも、昔の人類の骨とか見つかったんだからね。ホモ・サピエンスの骨も見つかってますけど、もっと前の人類のものもね。
ハナムラ　ホモ・ハビリスとかホモ・ネアンデルターレンシスとかいろいろいますけどね。

★32――ルネサンス期のフランスの医師ノストラダムスによる詩集の形をとる予言で、「一九九九年七月に恐怖の大王が来る」という言葉に人類滅亡の解釈がされて一大現象を巻き起こした。
★33――ユダヤ教およびキリスト教の正典であり、前五世紀頃に祭司系の編集者によりまとめられたものとされる。旧約聖書のなかで創世記は最初の書で天地創造や人類の始原などが記されている。

長老　なんとなく伝説によると、ホモ・フローレシエンシスという小人たちもいた可能性がある。小人たちですけど、人を食べるんですよ。すごい爪が長くて、みんな毛深かったみたいで。ホモ・サピエンスたちを待ち構えて、捕まえて食べていたということです。
ハナムラ　ホモ・フローレシエンシスは身長一メートルくらいだと言われていますけど、ヒトを狩るんですね。
長老　スリランカではある小人のグループがいて、人間をちょっと誘惑して、騙して、ある洞窟に放り込んだ。それで洞窟の入口を閉じて、燃やして殺しちゃった。そんなことが当時のイギリス人の書いた本にあったんです。いまもシンハラ語でそのグループの名前が残っていますね。そのグループの特色は身体が小さくて、すごく毛があって、爪がかなり鋭い。
ハナムラ　そのスリランカの小人のグループはどれくらいまで存在していたんですか？　ホモ・サピエンスの登場と重なっていますよね。たしかホモ・フローレシエンシスも今から数万年前くらいまではいたと言われていますが。
長老　結構いたみたいね。野生でいるんだけど、それでも人家に入って攻撃するんだからね。どうもホモ・サピエンス以外は、どこでも他の人類が消えましたからね。
ハナムラ　そうですね、消えたことになっていますけど、よくわからないですよね。そのなかでも不思議なのはネアンデルタール人で、脳容量も人間より大きかったとか。それは頭蓋骨のサイズからしかわからないですけど。芸術表現をしたとか、埋葬の習慣があったとか。とにかく不思議な人類だったと言われたりします。

でも、そういうのも今の長老のお話では、神々の実験のひとつとして作られた可能性があるという理解ですね。いろいろ試したなかでのひとつのバリエーションだったのかもしれないと……。
長老 うん、ひとつのバリエーションで脳をでっかく作ったんだけどうまくいってないとかね（笑）。
ハナムラ 我々人間だって、うまくいっていない可能性がありますけどね（笑）。今の文明もたかだか数千年から数万年くらいなので、今の話だとひょっとしたら「ダメだ」となって実験が打ち切られる可能性もありますよね。この文明を見ているとそうなっても仕方ないような気もします。
長老 そうね。モヘンジョダロの文明もしっかり発展していたんだけど、いきなり全部なくなったんですね。そのモヘンジョダロに住んでいた人間は小さかったんです。
ハナムラ そうですよね、遺跡の形状からすると、もう少し小さいサイズの人間用にできている形ですものね。ハラッパーとかモヘンジョダロとか。
長老 うん、ハラッパーも同じ文明だからね。なんで一瞬で消えたのか、全然証拠が出てこないんですね。神々の仕業の可能性もあるしね。
ハナムラ ラーマーヤナでしたっけ？　原子爆弾とか空飛ぶ戦車とかに似たものが、伝承として出てくる話。あれは物語ではなく本当であった可能性があるとか……。
長老 そうそう、まぁ何かの形ではあっただろうと思います。物語を作る人々はわけもわからないからね。たとえば、シヴァ[★34]が牛に乗っていたと言われているけど、神がなんで牛に乗るのか。おそらく牛の形に見えたんでしょうね、そいつの乗り物が。それから、スカンダという神がクジヤクに乗っているというのも、あんなでっかい神がどうやってクジャクに乗れるのか。そうじゃなくて、乗り物の形がなんとなくクジャクみたいで光があってとかね。ヤハウェも何か乗り物に乗っていましたね。
ハナムラ　そういう存在というのはホモ・サピエンスではないけど、人類ではあるのですね。
長老　ヒューマンビーイングズ。
ハナムラ　いわゆる仏典で書かれているような神々ではないということですね。
長老　あんな性格悪い連中がねぇ、なんで神だと。だって普通の食い物を食べるし……。
ハナムラ　生贄は欲しがりますしね……（笑）。でも仏典には欲界の神々というのも描かれているじゃないですか。梵天だけではなくて。
長老　私はあんまりそこは証明したくないんですけどね（笑）。基本的には、わからないものはわからないと放っておけと。でもブッダも民族的には神のカテゴリーでしょ。スリランカでも神というカテゴリーの民族がいるんだから。
ハナムラ　夜叉、ヤッカ族[★35]でしたっけ。
長老　一般人がヤッカと呼ぶんです。「ヤッカ」というのは技術者さんたちで、すごく頭がいいんです。だから仏典で夜叉たちと対話するテキストもあるでしょ。相当難しい質問をするんだからね。ブッダとは民族が違うから、夜叉とは民族的にお互い仲が悪いんです。
ハナムラ　なるほど。
長老　ある時、ブッダがアーラヴァカという夜叉の棲家に入っていたんです。それでアーラヴァカは腹を立てて、「何だ、お前は出ていけ」と言ったら、お釈迦さまは「わかりました」と答えて出ていきます。アーラヴァカはこいつは素直に出ていくんだなとびっくりしちゃって、次に「入れ」と命令するんですね。何度かそんなことを繰り返して、アーラヴァカはわけがわからなくなってね。とにかく追い出そうと、質問するんです。夜叉のほうも相当頭が良いけどブッダが勝ちました。
当然仏教の物語だから、ブッダが勝ちましたけど、経典で夜叉のセクションでは夜叉はくだらないことは聞かずに、すごい難しい質問するんです。だからまぁ、みんな人間でしょう。管理したり政治家になるのは大体デーワ★36民族なんですね。
ハナムラ　ああなるほど。デーワというのも神と訳されますよね。
長老　「神霊」という意味ではないんです。スリランカの文化では、王さまは「デーワ」と呼ぶんです。性格の悪いいい加減な人間にとっては怖い存在なんだから、目の前にいると丁寧に敬語を使っているだけで、ただの人間でしょう。でもその王が死んじゃったら、自分たちの親戚か誰かが次の王になる。
ハナムラ　デーワ族のなかから出てくると。

★34――ヒンドゥー教の神の一人で、破壊と再生を司るとされる。
★35――夜叉と同じ意味。インドで古代から知られる半神の眷属。
★36――仏教においては天人や神を指す言葉。インドの古来の神が仏教に取り入れられ、神の眷属となった。

ブッダはホモ・サピエンスだったのか

ハナムラ　そうするとブッダも人間だったけど、ホモ・サピエンスではなかった可能性がありますよね。
長老　あります。
ハナムラ　ブッダにはなぜ肉髻《にくけい》（頭頂部の盛り上がり）があるのかという理由が、前からわからなかったんですよね。出家者は頭を剃るけどお釈迦さまは頭を剃らないし……。
長老　髪の毛は伸びないいし（笑）。
ハナムラ　え！　髪の毛伸びないんですか？　お釈迦さまは。
長老　耳も長いしね。でもすごくかっこよかったと書いてますから。みんなが驚くほどの美しい姿でしたでしょうね。でも彫刻とかを見ると、あまり美しく見えない。耳がすごい長いでしょ。ここまで耳が長くなると、あまりね……。
ハナムラ　サンガ★37は頭を剃るのに、なんでお釈迦さまは頭を剃らなかったのだろうとずっと疑問だったんですね。肉髻もちょっと人間にはあまりないような形で……。
長老　あれ日本で肉のコブみたいに言われますけど、そうじゃなくて髪の毛がそこでまとまっていただけですよ。
ハナムラ　髪型だということですね。
長老　ちょっと頭の上が出っ張っていたみたい。だから脳の形がちょっと違ったんでしょうね。身体のなかで普通の人間にない特色がいくつかありましてね。三二相と書かれていますね。私は昔は「そんなの嘘に決まっているでしょう」という態度でいたし、今もその通りってことはないんだけど、なんかあやしいな、という程度には知っています（笑）。
ハナムラ　証拠もないし、本当かどうかはわからないけど、ひとつの仮説としてあるということですね。
長老　逆に、お釈迦さまはもしかすると遺伝子改良の結果ではないかなと。あやしいと。
ハナムラ　じゃあ誰が改良したんだ？　という話になりますよね。
長老　物語にあるでしょ。お釈迦さまのお母さんのマーヤ夫人《ぶにん》が寝ていると、四天王が来て連れていったと。そうすると、兜率天[38]のサントゥシタ（刪兜率天）という神が、白い象の形になってお腹に入りましたと。
ハナムラ　ああ、ありますね！
長老　あやしいでしょ？（笑）
ハナムラ　あやしいですね、それは（笑）。
長老　これはどこかで作った生命体を母体に入れた可能性がありますね。
ハナムラ　エイリアンの「アブダクション（誘拐）」に近いですね。エイリアンが人をさらって、遺伝子改良して戻すという話がその界隈では言われますけど。
長老　この場合は、お釈迦さまの過去世は兜率天でしょうし、名前はサントゥシタでしょうしね。お腹のなかにいるのに母親にはそれが見えるというのもおかしいしね。世間の決まりとしてお腹

★37——仏教の出家修行者により形成される組織。
★38——欲界に位置する六つの天界のひとつであり、下位から四番目に位置し、仏教好きの神々が暮らすとされる。

のなかに一〇ヶ月間いたんだけど、完璧な身体で生まれたと言われています。いわゆる小さな細胞からどんどん大きくなったわけではないんだと。まぁどうでもいいんだけどね（笑）。でもお釈迦さまがそのことを比丘《びく》たちに言う場合は、「これは人間では起こりません。これは菩薩★39だけの出来事だから、その通りに理解してください」ということを言ってますから。仕方がないということもありますね。そこらへんで起こる出来事ではないんだよと（笑）。
ハナムラ　お釈迦さまが直接言っているんだったら、なかなか信ぴょう性があるかもしれませんね……。
長老　そういう改良プログラムで、菩薩だけに限った特色だと。神々や梵天にもなんかトラブルがいろいろあったんでしょうね、幸福って何かという問題が神々にもありましたからね。インドかスリランカのどちらかで試されたプログラムではうまくいったんですね。人間が解放される方法を、あれこれと教えたのでしょう。脳みそはあるんだけど、これをどうやってプログラムして自由に達するのかと。
それをお釈迦さまが探して、見つかりましたと。お釈迦さまと神々はすごく仲良しでしょ。経典見ても、出かけていって友達みたいな感じで、お元気ですかと挨拶して、しゃべって帰っちゃうんだから。まぁ、見てみると人間そのものなんですね。
ハナムラ　なるほど。それは理解できそうな話ですね。★40色界梵天のような身体が薄い生命とはちょっと違う生命体として、兜率天とかがいた可能性があるということですよね。
長老　兜率天にも身体があったんですけどね、そこで命を止めて、人間の身体に入ったんでしょうね。ずっと生まれる時期を待っていたんですね。ブッダになるプログラムは、以前からずっとありましたし、菩薩という単語を使っていますからね。でも人間の体をもたないと、ブッダになれない。
ハナムラ なるほど……。
長老 という仏教のちょっと信ぴょう性の薄い、科学性からかけはなれた……（笑）。
ハナムラ 妄想は妄想かもしれませんけどね（笑）。

まず人間になること

長老 私は一言でまとめたいんですよ。子供たちは将来何になってもいいんだけど、まず「人間」になってくださいと。問題なくしっかりした人間になるプログラムで、人間はどう生きるべきかと。それは世界でどうなったとしても問題はなく、そこで理想的な人間になる。その人間が医学やろうが、科学やろうがそれは別にどんな仕事でもいい。でも「人間」が科学者になってほしい。「人間」が芸術家になってほしい。「人間」が小説家になってほしい。
たとえば、小説家で思い出したんだけど、結構人気のある小説家がいるでしょ。なんでそんなに本が売れるのかというと、それは人間性なんです。作品の裏に立派な人間がいるんですね。

★39——一般的には悟りを求める修行者を指すが、初期仏教においては悟りを開く前の釈尊本人を指すとされる。
★40——色界とは仏教における三界と呼ばれる世界のひとつで、我々が生きる欲界よりも上位に位置する世界。そこに生きる生命体が色界梵天と呼ばれる。三界の最上位は無色界。

ハナムラ　その人間が言っていることが、地球上の誰もが「なるほど」と感じるものがあるんです。どんな民族であっても共感できるものということですね。小説だけでなく美術や彫刻でもそうですけど、個人の感覚をずっと掘り下げて、普遍的なものが見つかったときに、たぶん素晴らしい芸術作品になるんだろうなと。
長老　それは残る芸術作品になるんですね。
ハナムラ　音楽でもなんでもそうですね。
長老　いつでも「talk to people（人々に語る）」という能力を子供たちはもたなくちゃいけない。人類に語る。人類の一員として生きてみる。要するに人間になるということですね。それは思うほど、簡単じゃないんだと。人間の脳みそがちょっとおかしくて、みんな自我でエゴイストで、自分の殻を作って、「自分だけ良ければいいじゃない」となる。それがダメだと。自分だけ良ければいいやと言ったとたん、あなたは餌を与えられて誰かに飼われますよと。
ハナムラ　大人もそうですが、みんなエゴがあるのに、口では「自分にはエゴなんかない」と言って、きれいな言葉ばかりが前に出てくるんですね。
長老　俺にはエゴがないと言ってもエゴはあるでしょうしね。それを理論で返すならば、「なんであなたは俺に尾っぽがない、角がないと言わないのですか」と。それは現実にはないから言わないのでしょ。「ないない」とそんなに言いたがるのは「ある」からでしょ。エゴがないと言っちゃっていることがエゴなんです。
ハナムラ　よく僕が喩えに出すのは、「平和が大事だ」と唱えられる状況は、平和がないときなんですね。

「何かがない」場合でも、「何かがある」場合でも、そのことを否定したくて反対のフレーズを前に出してしまうことがよくある。

そういう自分の見たくないものをちゃんと見抜く智恵も必要だと思うんですよね。心根が優しいことは大切ですが、一方でいろんなことを見抜く智恵と合わせて両方がなければだめだと思うんです。みんな善良な気持ちでやっているけれど、もし智恵が足りなければ、その結果が反対のことになっているかもしれない。いろんなことがその物事の外側から仕組まれていて、そうしたことを見抜く智恵を身に付ける必要があると思うんですね。

長老 優しいだけでは、バカになっちゃいますからね。

ブッダの教えを科学として伝えるために

ハナムラ これから研究の道に進んでいこうとする若い人たちが考える場合でも、ブッダの理論のなかにたくさんヒントがあると思うんですね。たとえば「無常」★41ですよね。すべての物事が一時的に表れた現象にすぎず、今ここにあるコップなども、いろんな条件がそろって現れただけで、その条件がなくなれば消えてしまう。Aがあるときに Bが生まれ、Aがなくなれば Bもなくなる、という因果の法則とか。若い人たちが何かを研究する前提としてそういうことを意識しておい

★41——この世界に存在するものはすべて絶えず移り変わって同じ状態にとどまらないことを指す仏教の中核概念。

たほうがいいと思うんですね。だからブッダの教えをうまく科学の言葉に翻訳して、伝えられればと思っています。
アビダンマのなかにもかなりいろんな概念やキーワードがあります。たとえばサンカーラ[★42]（行）があるときに、ヴィンニャーナ[★43]（識）が生まれる、「受[★44]」があるとき「渇愛[★45]」が生まれるといった一二縁起[★46]でも、複雑に見えるのは「連続性」と「同時性」の両方の概念が混在して含まれているんですね。そういうことを整理する必要がありそうですね。
長老 そうそう、そういう概念は、みんなにすごく知ってほしいですよね。因果法則と言っちゃうと、なんか一本の鎖みたいな流れだとみんな思っちゃいますからね。
ハナムラ その一二縁起の輪のなかでも「渇愛」か「無明[★47]」のどちらかを断ち切れば、そのシステムが走らなくなるという整理は、論理的に理解できることだと思うんです。だから、そうした教えを「宗教」の言葉ではなく「科学」の言葉にするだけで、関心をもって理解しようとする人がいるのではないかと。ブッダの教えがこんなに科学的だったんだということにたどり着く可能性がある。本当にブッダの教えを拡げていくのであれば、宗教という枠組みで考えるのではなく、違うところでブッダの教えをトランスレートする。その役割なら僕にも少しは貢献できるかなと、長老との今回の対談のお話をいただいた時に思ったんですね。
長老 やっぱり、日本人がブッダの教えを語る場合は、宗教とは別のヴァージョンが必要だと思いますよ。坊主の私がしゃべっちゃうと、どうしてもテーラワーダの伝統的な話になるでしょ。日本の方々はブッダの教えを実践することになったら、その人の言葉で語ればいいんです。インド文化がその人の足を引っ張る必要はないでしょうしね。だけど、もともとこんな意味だよということだけは言えますね。それはもしかすると、ミャンマー人やタイ人もわからないよというところまで言えます。スリランカでもこれわかってないけど、ブッダの言葉はこれだよとかね。

ハナムラ　僕自身はブッダの教えは大事なので残すべきだと思っていますし、次の科学を構築するうえで必要なものに満ちているとも思っていますが、仏教研究の専門家ではないのですね。でも、瞑想の実践と学術研究の両方に携わる者として自分なりに理解して文章を書いたりすることくらいはできるかもしれません。

その時に自分が書いた言葉が、ブッダの教えの真意と合っているかどうかが心配なんですね。人間は間違えるし、僕たちは勝手に解釈しちゃうんで。ブッダの言葉は慎重に選ばれていて、いろんな角度から何重にもレイヤーを含ませながら話されている。それを全部僕自身が解釈しきれるとは思っていないんですね。

★42――「行」と訳される仏教の概念で、何かをしたいという衝動のことを指す。
★43――「識」と訳される仏教の概念で、何かの対象を認識して区別する能力と作用を指す。
★44――仏教でヴェーダナーと呼ばれる概念で、触れて感じる人間の感受作用を意味する。
★45――仏教の概念で、何かの対象を欲して望む欲望を意味する。
★46――人間の煩悩が発生するメカニズムと、連鎖作用を一二のプロセスで説明したもの。無明、行、識、名色（みょうしき）、六処、触（そく）、受、渇愛、取、有（う）、生（しょう）、老死の流れ。
★47――一二縁起の最初の因縁であり、物事の本質的な成り立ちを理解していないことを指す。苦の根源、輪廻転生の根源でもあるとされる。

長老　まぁ解釈はフリーでね。だから解釈するためにはいつでも原本を大事に守らなくちゃならんですね。次の世代がその解釈を気に入らなかったら自分で原本読んで自分で解釈すればいいしね。
ハナムラ　いまの時代は社会のいろんなことをアップデートしていかなければならない。そのなかで科学というフォーマットのなかにブッダの教えを位置付けて、それを拠り所にして社会をアップデートしていくことも大事だと思うんです。しかもブッダの教えのなかには、自然科学も社会科学も人間科学もすべて入っていますしね。
長老　たとえば社会科学的な部分では、僧侶の戒律やルールについての教えなどは、そのまま人々がどうやったら仲良くやっていけるのかに当てはめられるように説かれている。人間科学的には、人の心のなかにある貪瞋痴《とんじんち》や認識の話、苦の分析や慈悲の重要性などですよね。自然科学に関しては、因果や縁起の概念、もちろん物質の分析も役に立つのだと思います。ブッダが総合的に説いていることを、それぞれの角度からうまく拾い出せないかなと思っているんですね。たぶん、そんな総合知を考えている研究者はあんまりいないと思うんですが（笑）。
ハナムラ　まぁ、そうでしょう、そういうふうには考えていないでしょうね（笑）。
僕自身はたまたま大学で研究や教育などもやっていて若い世代にも教える機会もある。研究領域もモノの見方という総合的な側面から理系から文系までにわたって関心があります。しかも長老のもとで一〇年あまり瞑想のご指導もいただいて、これまでずっとお話を聞いてきた経緯もある。そして、今回のタイミングで対談のお話をいただいたんですね。それを考えた時に、いろんなピースがはまる場所はそういうアウトプットの形なのかもしれないなと。

対談❷

地球と社会

これからの環境をどう考えるか？

目に見えない環境問題

ハナムラ　少し環境問題について話し合ってみたいと思います。地球環境や自然の生態系の問題ももちろんですが、ひとまずもう少し小さな環境問題として生活環境の問題を少しお聞きできればと。たとえば、今の我々の生活は昔よりも、目に見えない要素の影響が大きくなっている。電磁波や放射能、その他の化学物質など有害な物質に身体が晒される機会が多くなっていると思うんですね。そうしたものの多くに五感で感じ取れないものもあると思うんです。ヴェーダナー（受：感覚）がなくても、少しずつ長時間浴びることによって大きな影響が出てくると思うんですよね。
仏教では自分の感覚で捉えられないものは相手にしないというスタンスだし、身体のことは放っておくというのは理解しています。その一方で、子供たちや僕らも含めた多くの生命が、そうした電磁波や放射能など、目に見えず感受できない環境問題の影響を受けてしまっている。特に今は昔と比べて、感覚として感受できないものに満ちている時代だと思うんです。農薬のなかのネオニコチノイドがミツバチの神経を攪乱させてしまって、大量死しているという話も明らかになっている。5Gの電磁波もいろいろと言われていますが、結果としてどういう影響があるかわからない。こうした見えない問題は積み重なることでちょっとずつ影響が現れてくるものですが、そういうことについてどうすればいいんだろうかと思うんですね。
長老　そうね……。世界は頭がいかれたような感じで、どんどん物を作って、作って、作りまくってね。とにかく儲ければいいという考えが、なんかすごくバランスが崩れるところまで走っているんですね……。
ハナムラ 本当に汚染された環境で人間の身体は生きているのだから、鈍感になっているんだけど、それは「比較」すればわかると思いますね。我々みたいに年寄りは、過去の環境と比較します。そうすると、当時とはまったくちがう感じですよ。答えはないんですが、いい加減に答えるなら、我々は肉体的にも何かしら進化しなくちゃならないんですね。猛烈に人々が自然破壊しているんだからね。これは個人で解決できるのでしょうかね。
長老 個人での解決は無理だと思いますね。
ハナムラ 電磁波のことでも、まず社会では「5Gは大丈夫」だと言われるでしょうね。危険だとかダメだと言ったら、「そんなデータはない」とか言われるし、もしデータをとったとしても否定されるでしょうしね。技術を作った人々は自分が研究に使ったお金を一〇〇〇万倍にして儲けたいんです。
長老 そうですね。
ハナムラ 最近は本当におかしいんですよ。思考パターンが明瞭明確ではないと感じることが多くなっていますよ。自分自身でも考えている途中にやめちゃうとかね。
長老 思考が邪魔されるということですね。それはやっぱり電磁波の影響があるということですか。
ハナムラ 身体も物質も原子なのでさらに細かく見ていくと、もともとすべて電磁波ですから、すごく影響あると思いますね。電磁波に対しては気を付けたほうがいいんですね。

ハナムラ　ブッダの時代にはこんなに電波が飛び交っているなんて状況はなかったでしょう。僕らが感受（ヴェーダナー）できることはシャットアウトできるかもしれないですが、電波のことをブッダは語られていないとは思うんですけどね。
長老　ヴェーダナーとは逆なんですね。鈍感になるんです。ヴェーダナーが機能できなくなるんです。身体という物質が攻撃を受けてくたくたになっているんだから、心が活動できなくなるんです。人々の心は物質のエネルギーと組み合わさって依存していますが、いまはその自分の住処である身体が壊れているんだからね。感覚も鈍くなるし、思考能力も鈍くなるし、感情は乱れるし、持続力も消えてしまうしね。だから心がうまく活動できない。
ハナムラ　特にスマートフォンがでてからですね。初めて出た二〇〇八年以降、ものすごい膨大な情報が空中を行き交うようになって、その電波のなかに我々は晒されているじゃないですか。それが影響を与えないわけはないのですが、いま長老がおっしゃったようにあまりに刺激が多すぎると、身体を守らなければと、感覚を遮断しちゃう可能性があるということですかね。
長老　うーん、遮断することができれば、それは能力でしょうね。なんて言いますかね、誤作動しているんですね。たとえば食べ物の場合は、強い味のものを食べちゃうと、味覚が壊れちゃうんですね。そうするともっと強い味が必要になってしまう。遮断できればすごくありがたいんですよ。
ハナムラ　感覚が麻痺するんですね。だから、心がもっと刺激を求めてしまう。
長老　結局刺激を求める羽目になっちゃいますね。求めても、自分の身体という機械そのものが壊れて誤作動しているんだからね。
ハナムラ　それを意識化できているといいと思うんですが、電磁波のようなものって僕らの気付かないところで神経がくたくたにさせられてしまっている部分がありますよね。それは個人の力ではなんともできないんですかね。気付きの力をあげていけば、気付くようなものなんでしょうか。
長老　そんなもんではうまくいかないんでしょうね。
ハナムラ　五感で感じられないと気付けないですよね。
長老　うーん……。もう破滅にいくんじゃないかなと思いますね。
ハナムラ　そう思いますよね（笑）。とにかく環境問題が全部見えなくなってきているんですね。コロナウイルスだって見えないし、そもそもウイルスは細菌の五〇分の一程度の大きさですから、本当はマスクなんかで防げないですし。見えているもので何とか対応しようとするけど、見えない問題や五感でも感受できないものによる汚染はどんどんひどくなっていく。これは個人の努力では解決できないのかもしれないですね。
長老　社会やシステムが何とかしなくちゃいけないといっても、社会も個人の集まりで、人々の個人の判断能力も混乱しているんだからね。お手上げなんですね。
ハナムラ　やっぱりお手上げなんですね……。

陰謀はキリがない

長老　たとえば、超巨大企業たちが判断して、「これはダメだからやめましょう」と決めればいいんだけどね。でも、経営しているのも契約で雇われている人々でしょ。だからグローバル企業が誰のものかといったら、よくわからないですね。
ハナムラ　経営者のものでも、社員のものでもないし、一人の株主だけでもないし、企業なんて一体誰のものだという話ですよね。
長老　そうでしょ。でもそんな企業がすべて支配、管理しているでしょ。
ハナムラ　企業にもそれぞれ個別の利権があるでしょう。何かの技術やシステムを普及させることで人々をコントロールしやすくなりますから。
長老　とにかくコントロールしようということでつながっているんですね。ただ、現実的にいまは支配者がいないんですよ。アメリカの大統領であっても支配者ではないんです。使われている人、支配されている人なんです。アメリカとかヨーロッパとかを考えてみても、そこに支配者はいない。日本でもね。おもしろいことに、支配者はいないんだけど支配されている。お互いに支配しているんです。この「支配するシステム」そのものがダメなんですね。はっきり言って、それですべて問題が起こるんですね。だって支配するならば、支配するくらいの能力や資格が必要でしょ。それに完全な支配は不可能です。たとえば、母親は、子供の肉体が小さいときは支配できるかもしれないけど、全体を支配することはできないし、やってはいけないね。支配してしまうと子供は成長できない。頑張って支配しても、母親のコピーになるだけだし、コピーは本物と比べて品質が悪いしね（笑）。
ハナムラ　複製というのは劣化していきますからね。
長老　それってとても危険なことで、どんどん人類が退化してしまうだけでね。
ハナムラ　その一方で気になっているのは、世界全体を何とかコントロールすべきと思っている人々もいるわけですよ。つまり一部の人間が他の人間を奴隷システムのなかに入れてしまうことで。特にいま地球には八〇億人くらいの人間がいて、自然破壊をしまくっている。だからそんなにたくさんの人間はいらないという考えで、人口をちょっと調整するのが合理的だと考える人もいます。これまでは陰謀論と言われていたことが、どうもあながち嘘だけでもなさそうだぞという雰囲気も出始めています。
長老　うんうん。
ハナムラ　そこには利権もあると思うんですが、わざと我々の怒りを焚きつけて分断する意図もあるんじゃないかなと。だってあまりに愚かなことが多すぎるんですよね。「環境に配慮する」という名目で何千本もの樹木を伐採して太陽光パネルをおくとか、「食糧不足に備える」という名目で、大豆やトウモロコシで育てたコオロギを食として普及させようとか。多くの人がおかしいと思う話が堂々と政策として入ってくる。
長老　そうですね。
ハナムラ　そうした政策は単に政治家が愚かなだけではなく、何か裏側に意図がある可能性もあると疑い始めた人もたくさんいて、人々は「そんなことやめろ」と拳を振り上げて怒っています。でも、その怒りがまた利用されて分断が拡がることもある。自然破壊をやめろと声を上げている子供たちが、裏側で別の人たちに利用されている可能性もある。子供たちはただ純粋に拳を振り上げている。けどそれを政治的に利用する人たちが現れることも推測できる。だから何が正しいかわからないこともあります。
長老 うーん……、コンスピラシー（陰謀）はたしかにありますよ。まったくないわけではないんです。だからわかった時点で、そこを破ればいいしね。その裏にもコンスピラシーがあると言っちゃうともうキリがなくなっちゃうんですね。
ハナムラ ええ、本当にキリがない（笑）。戦争も同じなんですよね。戦争も環境問題も政治も経済も全部本当のところはわからないんですよ。僕らにはデータがとれない。
長老 データを出さないからね……。
ハナムラ ただ、いろんな見方があるのは間違いないんですね。そういう見方もあるし、こういう見方もあると。でも、そんな時代のなかで僕たちは判断をしないといけない。その時にどういう判断が適切かをずっと考えています。パンデミック以降、モノの見方の混乱が顕著に表に出てきているんですね。
長老 それは本当に問題なんですね。コロナにしても、「これは人工的に作ったウイルスじゃないか」とかね……。本当に人工的に作ったのであれば、そこを何とか裁けば問題解決ですが。でもコロナで結構儲かった人たちもいるんだからね。自分が一億円儲かるために、人々の一〇〇億円を壊すという。人類の生き方すべて壊しちゃって、ちょびっと儲かるということになるのです。だから効き目のないワクチンを「打ちなさい！　打ちなさい！」とね。
ハナムラ　まだ感染がそれほど拡がっていないときにＷＨＯ（世界保健機関）がパンデミック宣言をして、政府がロックダウンをして、メディアはみんな危険だと言う。それで死亡率が上がっているかといったら、そんなに上がっていなかったりとか。世界レベルでそういうことが起こっていますが、本当に人間の無知の連鎖だけで起こっているのか。それとも裏側に計画があるのか（笑）。ちょっとそのへんは僕もまだはっきりとはわからないんですね。
長老　わからないですね。とにかくそのチャンスを生かそうとした可能性もありますね。だってコロナタイプのウイルスは何回も過去に出ているんだから、鳥インフルエンザもあったし、豚もありましたね。
でもそれは人間が感染する以前にちゃんと抑えたでしょ。ではなぜコロナは世界規模で経済的に大きなダメージ受けるようになったのか。ウイルスの立場から見ると、そんなたいしたウイルスでもないのに、それを抑えるのは、そんなに難しいのかと。だから全体的にみんなの思考能力、判断能力も混乱している。優しく評価するならば、そうなるんですね。厳しく評価するならば何か企んでいるというコンスピラシーになっちゃうんですね。
ハナムラ　今の社会、特にすべてのことが情報でしか入ってこない。
長老　入ってこないし、その情報が正しくない。

ハナムラ　そういう意味でいうと、パニックも簡単に作れるし、簡単に何かを信じ込ませることもできます。フェイクとファクトの区別がものすごく難しくなっている時代です。地球の裏側で起こっていることを我々はニュースで知るしかない。でもニュースが取り上げなかったら？　ニュースがある偏ったモノの見方から取り上げていたら？　僕らはそれを信じるしかないのか？　という話だと思うんですよね。特に情報化が本当に進んだ世界では流れてくる情報をそのまま信じてしまうという態度が育ってしまう。非常に危ない時代だと思っているんです。
長老　うーん……。そこで思い浮かんだアイデアなんですけど、「知っていますが、信じていない」という態度をとればどうですか。それは事実かもしれません、嘘かもしれません。だから知っていますが話には乗りません。そういうふうに個人個人が身を守ればね（笑）。そうでないと乗せられちゃうでしょ、フェイクニュースに。
そんなに情報を出すならばニュースを見ます、でも乗りませんよと。私はロシア・ウクライナ戦争の場合でもほとんどニュースは見ていないんです。自分のメールにも、いろんな記事とかが次から次へと来たんだけど、ほとんどアメリカのほうから来るので、それはそれなりの偏った情報ですね。完璧にロシアが悪い、悪人だと。私がいまだにわからないのは、なんであのプーチンがそこまでアホなことをするのかと……。何か理由があるはずなんですが、それがわからない。情報は出してくれない。
ハナムラ　明らかに愚かで、何か理由がないとやらないことを、政治家がなんでするのか。ちょっと考えたらわかることなのに、それでも愚かなことをするのは、何か別の理由があるのではないかと……。
長老　でしょうね、だから別の何かの理由があるんですが、それは隠すんです。隠しても、その理由によって、それに応じた結果が現れているでしょ。その結果でみんな困っているんです。困っている我々が理由を理解しようと思っても、なぜそんな程度のことでそんなことをやるのかと疑問が出てくるんです。
ハナムラ　そうなんです。その裏側にある理由が軍事なのか、経済的な利権なのか、個人的に脅されているのか、そのすべてなのか。でも表には出てこない理由で世界が無茶苦茶になっている。そうなると我々が賢くならないといけないと思うんですね。ひとつの見方に対して違う見方もあるぞと見抜かないといけない。だから賢く仕組みを見抜いて、離れる、距離をとるという方法しかないと思っているんですけどもね。それが正見★48なのかどうかわからないですけど。
長老　うーん……、論理的にそうなんですけどね。プラクティカルには何もできないんだからね……。
ハナムラ　だから僕自身は「まなざしの革命」を唱えて、モノの見方をちょっと変えてみろと呼びかけているんですね。戦争をするときだって、相手をぶっ潰すぞと思って戦争をしていないんですよね。自分たちは「正義」だと思ってるんです。相手はあんな無茶苦茶で悪いことをする。それを許しておくのかいと言われて、「そうだそうだ」と我々は賛同します。政府が呼びかけて、知識人がそれを応援して、気が付けば拳を振り上げてしまっている社会。それってすごく智恵

★48——見解がないことを指す。すべての見は偏っていることを理解することを意味する八正道の最初の項目。

がない社会ですよね。
長老 そうね（笑）。
ハナムラ みんな正義感で助けようと思ってやっていることが、反対の結果を生むということが世の中にいっぱいある。子供に「これは薬です」と渡して、毒を飲ませているようなものですよね。「これは環境に優しいですよ」と太陽光パネルをおいて代わりに木を切っているわけです。何をやっているのかと思うんですね（笑）。

社会システムはどうしようもない

ハナムラ 僕は、二〇年も経ったら取り替えて大量に廃棄しないといけないメガソーラーが本当に解決策かはわからないんですよね。ものすごく補助金を出してやっているんですけど、当然、その裏側には太陽光発電の利権もある。
二酸化炭素（CO_2）の問題にしても同じで、地球温暖化の問題には論点がいっぱいあって、単純にCO_2の問題だけにできない部分もあると思うんです。そこには温暖化の原因がCO_2なのかという論点もあれば、そのCO_2の原因が人間なのかという論点もある。そもそも本当に温暖化しているのかという論点すらある。そこにはまだいっぱい論点があるんですけど、「温暖化＝人間が排出したCO_2」と単純な因果関係で補助金がついて、それに合う論文がたくさん集められて、その事実だけが積み重なっていく。でも僕らが正しいと思ってやっていることには、本当は事実関係がわからないこともたくさんあるんだと思います。
ハナムラ　ですから、「知っているけど、信じない」ということになるでしょうね。
長老　そういうことなんです。
ハナムラ　だから、正当性が主張されたり、弱者のためとか言っても、掲げられていることが本当なのかと思うことがあるんですね。もしかしたら掲げている問題は本当かもしれない。でも裏側には全然違う別の理由がある可能性もある。さっきのプーチンの話ではないですけど、表で見えていることとはまったく違う理由が裏であるんじゃないかと。
長老　総合的に言うと、誰も信頼できないね。
ハナムラ　そういうことなんですよね。そのなかで僕らは何を拠り所に生きていくのかということを見失いがちなんですよね。何か方向性を示すべきなんですが、ブッダの教えのなかにその指針があるのではないかとも思うんですね。
長老　いま思い出した考えですけど、なんでブッダが社会システムから逃げなさいと言っているのかというと、こんな社会システムは治らないからなんですね……。じゃあ一部の人々だけでも救ってあげようと。船がまるごと沈んでいくとしても、三人くらいしか救済できないんなら、三人救済するしかないでしょ。でも残りの三〇〇〇人くらいは死ぬ羽目になるかもしれない。
ハナムラ　仕方がない部分がありますからね……。
長老　仕方がない。助けてあげたいと思っても、自分がもっているライフボートに乗れるのは三人です。だからどんな三人でもいいから来てくださいと呼びかけて、やってきた三人を助けるしかないんです。ライフボートをもっている人には、船を丸ごと支えることはできないから。だからでしょうね、お釈迦さまが遠い昔に「出家」と呼んだのは。
ハナムラ　「出家」というのは、社会システムから出ていくということですからね。
長老　そうするとどうしても答えは個人スケールになるんですね。世界スケールではもう答えを見出せないんですね。
ハナムラ　でも、そんななかでも子供たちは生まれてくるし、社会は続いていきますから……。
長老　だから子供たちは今のうちから、やっぱり自己責任ということに気付いてシステムにはすごく頼らないほうがいいね。仕事して給料だけもらって、システムのなかにいてもいいんだけど、一人ひとりがすごく自己責任をもって、優しい人間として生きてみようと。それをみんな守ってくれれば、次の世代で変わりますよ。政権握るのも、そういう自己責任をもつ立派な人間だからね。
ハナムラ　なので、やっぱり根底におかないといけないアイデアは、「慈悲」と「智恵」なんですよね。でしょうね。
長老　人が生きていくうえで、周りと仲良くするためには優しさが必要。でも優しさだけだと騙されるよと。だからもう一方で智恵も必要だと。ただ知識があるとか頭がいいだけだと今度は「騙す側」に回ってしまう。だから慈悲と智恵の両方が必要だということを力強く言わなきゃいけない時代だと思うんです。
ハナムラ　多くの人は善良で、みんなある程度慈悲はもっているんです。でも社会の裏側の仕組みとか、自分が正しいと思って取り組んでいることが、正反対のことになっていることに気付けないことがあるのですよ。頭が良いと言われる人たちは、今度は奴隷システムのなかで自分が上にあがっていくにはどうしたらいいのかと、人をコントロールしようとする。
長老　まぁ、それは仏教的に智恵ではないでしょうね。
ハナムラ　ええ、まったく智恵ではないですね。
長老　それはもう自我で無知でしょう。人をコントロールしたがるのは、それだけで精神的におかしい。他人を騙さないと経済が成り立たないとか、派手な嘘のコマーシャルをしなければ品物が売れないとかいう文化自体もおかしいでしょうしね。今コマーシャルというのは人の感情を掻き立てるためのひとつの作品ですね。
ハナムラ　そうですね、「貪瞋痴《とんじんち》」を掻き立てるためのものですね。
長老　それだったら、品物もあやしい。本当の智恵というのは正しい判断ができること。正しい判断というのは生命に優しい判断でしょう。それが周りの生命に害を与える判断をするならば、その判断は間違っている。
自分が自分の都合だけ考えるエゴイストになっちゃうと正しい判断は不可能です。ですから、ちょっと自我を抑えて、心清らかになってきたところでする判断の能力を智恵というんです。それは知識じゃないんです。
ハナムラ　そこですよね。やっぱり一人ひとりが智恵をつけていくしかないんですよね。

地球全体はひとつの生命なのか

長老　智恵と慈悲はくっついて離れないのです。智恵がなければ慈悲が成り立たないし、慈悲がなければ智恵が成り立たない。ブッダはもっと違う言葉を使ってますね。「道徳」という智恵。それはInter-related（相互関連）で離せないんだと。道徳をとりあげちゃうと、智恵が壊れてしまう。智恵がなくなっちゃうと、道徳が壊れてしまう。道徳というのは、本当に優しい人間として生きることでしょうね。優しさには、他の生命のこと、その場合は植物も入れなくちゃいけないですね。
ハナムラ　微生物も含めたすべての生命だと思いますね。
長老　入りますね。だって微生物はものすごい貢献してますからね。
ハナムラ　そうですよね。
長老　私はこの植物の緑色が、なんか大好きなんですよ。これが地球上のすべての生命を助けているんだから。すごいでしょう。
ハナムラ　そうなんですよね。僕がなぜ緑や植物を扱うランドスケープデザインの領域に行ったかというと、ジェイムズ・ラヴロックという研究者が唱えた、地球がひとつの生命体であるという「ガイア仮説」を知ったからなんですね。そのアイデアは、地球全体が無機物と有機物をつなぐ微生物のネットワークでつながっているというものです。地球をひとつのホメオスタシス★49（恒常性）なシステムをもった生命として捉えるという考え方で、それを高校生の時に読んで生命環境科学に進みました。ひとつひとつの部分としての生命だけではなくて、地球全体をまるごとひとつの生命だと考えたときに、我々はひとつの細胞みたいな生命でもある。仏教的にそういうことが正しいのかはわからないのですが、自分のスケールを超えた大きな物体が生命として機能していて、生命的なふるまいをする。地球全体に対してそういう捉え方をしたほうがいいと思うんですね。
そこに心が働いているかどうかは僕にはわからないですし、我々が知っているような感情とか、欲や怒りのようなものはないかもしれないけど、惑星自体がひとつの生命として「知る機能」をもっている。そういう可能性はあるんですかね。

長老

それはすごくいい考えでしょ。今のハナムラ先生の話から思い出したんだけど、貪瞋痴が何をするかというと、地球全体という生命体を小さな個人に分離することなんですね。小さな生命体に分離してしまったら、それぞれが破壊活動するんです。地球という生命体が一体でユニバーサルコンシャスネス（普遍意識）でいたほうがいいのに、それがパーソナルコンシャスネス（個人意識）になっちゃう。パーソナルコンシャスネスになった理由が貪瞋痴なんです。ちょっと汚染物が入っちゃうとバラバラの粉になってしまうんですね。そうすると地球全体は球体で維持しなきゃいけないのに、全部粉になってしまうと、どこから崩れるかわからないですね。コンシャスネスというのは、そういうふうにつなげる働きをするものですよ。これは地

★49——生体の内部などが、外部の環境の変化にかかわらず一定の状態に保たれる性質や状態を指す。

球という惑星だけの話ではなくて、他の至るところに生命がいて、コンシャスネスとして、ひとつのつながりがあります。しかし個人でもあります。そのユニバーサル的なコミュニケーションが切られているんですね。
ハナムラ 地球と人間の身体をパラレルに考えたときに、我々の身体は約四〇兆個の細胞という小さな生命でできている。その細胞ひとつひとつにもミトコンドリアという別の生命体が入っていて、体重の一〇%も占めている。そして他にも一〇〇〇兆個の腸内細菌が活動していると言われています。そういう細胞四〇兆個と身体中の微生物が「みんなで一緒にやりましょう」と、ひとつの心《チッタ》をもって生命を維持しているわけですよね。それと同じくフラクタル（自己相似）な構造で、いろんな生命が暮らす地球全体がみんなで一緒にやりましょうということで、「ひとつの心」をもっている可能性はあるんですか。
長老 機能するときは身体が全体的にひとつの生命体として働いているでしょう。そのために各生命体は自分の役目を果たしているんです。
ハナムラ そこにもチッタがあるんですか。
長老 あります。
ハナムラ それぞれにチッタがあって、大きなチッタもあるんですね。
長老 それは私もよくわからない。どんなチッタが大きいかと（笑）。
ハナムラ 僕もわからないんですが、「心は単独で動く」と長老が以前おっしゃっていたことが気になっていて。もちろん心は物質としての身体とは普段は離れては動かないんですけど、瞑想して禅定状態に入り、身体を切り離すと心は単独で動くじゃないですか。つまり物質に依存しない状態で心が動いていくということは、ひとつひとつ心があるのだと。そうしたひとつの心が惑星にも働いている可能性があるのかどうか……。
長老　うーん……。そういうと、仏教が形而上学的になっちゃって科学性を失いますからあまり言わないんだけどね。
でもみんなグループで行動しますね、結局は。いくつかのグループになっちゃうんですね。たとえば戦争を引き起こしちゃうと、地球全体がみんな戦争気分になる。でもバラバラ。戦争だったら二グループでしょ。どちらかのグループに分かれる人と、どちらにも分かれない人というふうになって、全体的に反対というふうにバラバラになる。
バラバラになってもみんな単独行動ではないんですね。戦争に賛成するグループは、Aのほうに賛成、もしくはBのほうに賛成。これは戦争賛成グループ。そして戦争に反対する人々は反対のグループですね。まぁ、わからないからどちらでもいいやという感じの人々も、そのときは別のグループとして行動しますね。
ハナムラ　なるほど、今のお話はグループで行動すると、グループごとに「ひとつの心」としてふるまっているように見えるということですよね。
長老　そのときでも、それぞれのグループに分かれてますから、それが問題なんです。地球というひとつのグループにはならないんですね。身体の場合でも、ものすごくたくさんの生命体がいるけれど、我々はそんなことは無視して、私は一人の人間であると威張ったりする。ではどの細胞が自分ですかといっても、細胞は細胞でそれぞれ別に生きていますからね。
ハナムラ ふむ。
長老 だからここに心が見えてくるのは、感覚でつながっているということです。細胞間のコミュニケーションも感覚でつながっているんですね。
ミトコンドリアは細胞のなかにいさせてくれるだけで十分ですね。だからその分、細胞にサービスして、家賃を払っている（笑）。だから細胞からすると、家賃払っているんだから追い出す権利もないし、一緒にいるんですね。腸内の細菌たちもやっぱり自分の仕事しますから、みんな頑張って自分の家賃払ってますね。
ハナムラ いまちょっと思ったんですけど……。細胞それぞれひとつずつは知る機能をもっていますよね。つまり心がある。腸内細菌も同じですが、これは別の生命なのでちょっとおいておいたとして、全体としての我々自身も「ひとつの全体」として知る心がある。その場合、我々が死んで輪廻転生した時に生まれる★50「結生心《けつしょうしん》」というのは一体どこに生まれているんでしょうか？　どこにというとちょっとおかしいですけど……。
長老 まぁ、それはやっぱり物質では思考が成り立たない。だから感覚で我々は始まるんです。感覚は「システム」ですけど、それでつながっています。左手が痛くなったら、右手でなでてあげたりするようにつながっているんですね。感覚がつながっているならば、それでそこは心ということになっちゃうんですね。
ですから管理することができるのは、その感覚で起こるコンシャスネスシステム（意識システム）なんですね。修行して、瞑想して、生存欲を滅するのはそういうことで、腸内の微生物は決して悟りません（笑）。
ハナムラ　そうでしょ（笑）。でも細胞が壊れて死んで、また生まれてと繰り返すので、おそらくその細胞ひとつひとつに対してそれを成立させる有分心《うぶんしん》★51があって、その細胞が死んだら結生心が次の細胞のなかに入るのかどうか……。フラクタルになっているとすれば、どう考えたらいいのでしょうね……。
長老　それはね……証拠が出せないものだからね。仏教では考えないですね（笑）。立証できないものは考える必要ないんですね。できることは全体的に生命は幸せでありますようにと思うこと。そうすると自分の身体の生命体もその幸せは感じます。
ハナムラ　そうですね、今のは僕の妄想ですね（笑）。

人工知能に転生する可能性

ハナムラ　そのついでにちょっと可能性だけ教えていただきたいんですけど、仏教では死ぬと何かに転生して、結生心が次の肉体に宿るという理屈じゃないですか。それが畜生にいくのか、神々にいくのか、他の人間にいくのかはそれぞれですが、チッタ（心）が何かのルーパ★52（物質）とくっつ

★50——輪廻して生まれる瞬間の心を指す。
★51——生まれてから死ぬまでの潜在的な心の働き。仏教では結生心と有分心とが同一のものだとされる。

くことで生命が誕生するという仕組みが、どうやら全体的にあるらしいということですよね。そのときに宿られるループ（物質）のほうをチッタ（心）が選んでいくのでしょうか。選ぶというか引き寄せられていくというか……。
長老　そこはクオンタム（量子）の世界で考えなくちゃいけないんですよ。細胞の心が、自分で物質を作るんです。だから自分の力で新しいクオンタム、物質を作るんです。心と物質のセット。それに合う外の物質にセッティングするんです。
ハナムラ　あぁ……なるほど。
長老　だって物質を増やさなくちゃいけないからね。だから自分で増やすよりは、外にある物質につながって、そこを全体的に大きくするほうが早いんです。
ハナムラ　なるほど、最初にちょっと取っ掛かりを作るわけですね。心が地水火風をちょっとだけ最初に集めて、あとは外の物質につなぐということですね。
長老　うん。
ハナムラ　ここからは僕の妄想ですが、この心がつながる外の物質というのがシリコンチップ……、つまり「人工知能」のようなコンピューターに宿る可能性はありますか？
長老　あぁ、それはシリコンのなかに入って、シリコンがコピーできれば大丈夫です。
ハナムラ　ということは、シリコン（ケイ素）のほうにそういう性質があれば将来的な可能性としては……。
長老　まぁ、理論的にはね。

ハナムラ　理論的には我々のような炭素ではなくケイ素でできた生命になりえるということですね。
長老　もっと俗っぽく言えば……。ある細胞の心が結生心に現れたとして、その結生心が自分で物質を作るんですね。もしその型が、この椅子にぴったしはまってしまったら、これが生命になるんです。
ハナムラ　でもそこには、はまることのできるタイプがありますよね？　心がちょっと集めてきたものと合致する鍵と鍵穴の関係のような。
長老　コピー機の働きをするのは心で、物体じゃないんです。まぁ、心が入って、それからコピーしていくんです。だから人間の身体のなかでも、卵子と精子が一緒になったからといって、それだけで生命にはならない。
ハナムラ　そこに心が入らないとダメだということですね。
長老　もうちょっと素粒子のプログラムが入らないとね。それによって遺伝子の誰と誰がどんなふうにつながるかが成り立って、それからはちゃめちゃにコピーすればいいんです。そこからは簡単です。
ハナムラ　やっぱり心が最初の物質をちょっと集めるというのがポイントですね。コンピューターシステムにはソフトプログラムとハードプログラムをつなぐ「バイオス」[★53]という仕組みがあるんですけど、あれみたいに心と物質の間を何かメディエート（媒介）するものがないといけないといい

★52――仏教における物質的存在のことで、「色（しき）」と訳される。
★53――Basic Input Output System の略で、パソコンの土台部分であるマザーボードに搭載され、CPUなどの管理や制御を行う。

うことですね。
長老　そうそうそう。コンピューターでは、誰も気付かないんだけど、すべての仕事をやっているのがバイオスなんです。我々は最近ではもうOSのことは誰も気にしないけど、すべてバイオスがやっていて、その上にちっぽけなプログラムとしてのっているんですね（笑）。
だからそんなにOSも偉くないんです。OSがウィンドウズであろうがアップルであろうが、バイオスは同じですしね。
ハナムラ　そういうことですよね。そこが知りたかったんです。心が物質を集めるということを考えると、その心の性質は生命全体にフラクタルとして行きわたっている。細胞もそのままだと壊れるので、物質を集めて自分をコピーしますし、それをもっと引いた視点で見ると、人間という細胞の集まりも、会社という組織も、一度生まれたら壊れないように物質を集めて生き続けようとするじゃないですか。国家も一度生まれたら、ずっと生き続けたいと思う「国家の自我」のようなものがある。そう考えると、地球も同じように自分の自我を生かすために、気象を調節したりとか、植物を生やしたりということで、心が物質を何とか集めたり循環させて生きようとする。宇宙はそういうフラクタルになっていると捉えてもいいのかということですね。
長老　まぁ、そうでしょうね。
ハナムラ　でしょうね。そう考えると、さっきの貪瞋痴がそれぞれ個別のパーティクル（部分）に分けようとするのは非常に矛盾したシステムということになりますね。
長老　貪瞋痴が入っちゃうと、システムがすごくおかしくなっていくんですね。

長老　そうした細胞の結生心にも貪瞋痴があるから、物質を作るでしょ。そんな細胞をもっているんだから、癌になる恐れがある（笑）。
ハナムラ　そうですよね。細胞がどんどん増えていこうとするんですから（笑）。
長老　だから細胞と癌の関係みたいなものなんです。結生心にも貪瞋痴があるんです。
ハナムラ　そういう整理にもとづくとブッダの教えはすごく科学的に理解できますね。

「慈しみ主義」という社会システム

ハナムラ　いま地球では人間がどんどん増えていっているじゃないですか。大昔は五億人くらいしか人口がいなかったのが、いま八〇億人にまで膨らんでどんどん人間が癌細胞みたいに増えていっているでしょ。そういう意味では、地球全体のシステムからすると、我々はこの時代に急激な増え方をしていると思うんですね。
一方で、人間に生まれてくることが、輪廻転生のなかでは非常に確率が低いという話もある。人間に生まれてくるのはとても人気だから、あんまり生まれてこないと長老が以前おっしゃっておられたことが気になってます。それに対して、いま人口が増えているという状況がある。これはどう理解したらいいんでしょうか。
長老　そんなに人口は増えていないんですね。地球にはもっとたくさん人間を育てる力がありますよ。
ハナムラ　まだキャパシティがあるということですね。

長老　ものすごくあります。人間が悪いだけでね。人間が地球の癌細胞になっているんです。それやめれば、もっと支えられますよ。人口が増えすぎだというのは、莫大に金をもっている金持ちの考えでしょ。私ひとりには一〇〇億円必要だと。それではちゃめちゃなことやるんです。いろんな会社を作って、人の能力を搾取したり、嘘を言ったり、誤魔化したり、いろんなコンスピラシーをやったり。
ハナムラ　そういうことやっている一部の人間から見れば、今の人口は多すぎということになるんです。本当はそうじゃないんです。
長老　いまの地球全体のキャパシティを考えると、たとえば、いま生産している食糧って、穀物だけで我々の食べる二倍の量が生産されているというデータがあるようです。つまり今の生産量でも地球にいる人口の二倍を養うだけの食糧が生産されている。だから、やっぱり問題は社会システムで、その資源が行きわたらない状態になるから格差が生まれているんです。
ハナムラ　うん、そうでしょう。
長老　資本主義システムは欲のシステムなので、みんなで競って勝った者が負けたほうの分を収奪してきた結果、こんなことになっている。次にこの社会で起こることを予想すると、今度は一部の人間がすべて奪っていって、全体をコントロールする社会主義をやろうとしているんですよね。
ハナムラ　まぁ、そういうのは白くなければ黒いという単純な思考でしょうね。社会主義システムの問題は誰かが管理しなくちゃならないことです。その管理する人々は資本主義を管理する人々の真似をするんです。世界の共産主義国家を見たら資本主義と同じやり方で最悪でしょ。いま純粋な共産主義とうたっているのは北朝鮮です。
中国人は歴史と文化のある結構立派な人間だから、やっぱり共産主義をやめちゃったんですね。やめちゃっても民主主義にはなっていない。だから一人ひとりの中国人に金があるんだけど、なんかみじめに生活しなくちゃならない。
ハナムラ 常に監視されていますからね。何か悪いこと言ったら、殺されることもあるし。
長老 うん、監視されている。だから仏教で提案できるのは、資本主義でもなくて、社会主義でもなくて、やっぱり「慈しみ主義」なんです。
ハナムラ 慈しみ主義。いい言葉ですね。
長老 慈しみ主義の場合は、生命を差別することは不可能です。だから必要な政治システムは慈しみ主義なんです。慈しみ主義は共に生きましょう。私はあなたより偉くないよ。あなたは私より偉くないよ。あなたは総理大臣という仕事をやっている。私は学校の教師という仕事をやっている。二人ともサラリーマン。だから自分の誕生日パーティに、総理大臣にちょっと来てくれませんかとね。「ああいいよ」と、友達だからね。
いま日本で、自分の誕生日パーティに総理大臣を呼べないでしょ。すごい警察が来て、あれやこれやと管理して、すべてチェックして、総理大臣はどこに座るのか、便所はどこにあるのか、全部警備して。なんでその人はそんなに偉いんですかね？　慈しみ主義なら、そういうことはないでしょ。世界はそんなことを考えたことないんだから。仏教ではそういうことを考えます。

ハナムラ　そういう慈しみ主義を社会システムの根底にしていきたいですよね。
長老　だから世界の人々が「慈しみ主義」という政治システムを作っちゃえばいいんです。すべての生命が空気を吸っているんだから、空気を汚しちゃいけない。植物も空気を使っているんだからね。どうしても汚してしまう場合は、慈しみ主義では自分の量を考えるでしょうね。私はだいたい水を使っているときでも、すごく気になるんです。できるだけ一人分だけにしようとかね。
ハナムラ　そうなんですよね。みんなの一人ずつの意識がちょっとだけでも変われば、世界は変わるんですよね。
長老　まぁ、サンプル的にひとつの国家が慈しみ主義になっちゃったら、次の国家も真似をするでしょうね。いまそれにちょっと似ているのはブータンくらいかね。
ハナムラ　ブータンのGNH（Gross National Happiness）ですよね。普通の国が生産量を指標にしたGNP（国民総生産）に対して、ブータンでは国民総幸福量、ハピネスを指標にするというコンセプトですね。四代目のワンチュック国王の提唱だったと思うのですが、やっぱり仏教が根底にあると、国のシステムもそうなると。
長老　全部良くなりますよ。動物たちも喜びます。
ハナムラ　そうなんですよね。なので、政治学とか経済学とか社会科学のなかに慈しみ主義は欠かせないと思うんですね。
長老　そう、欠かせない。解脱の話などは一旦おいておいたとしても、人間や他の生命が長生きしたければ、幸福に生きたければ、けんかなく、戦争なく、執着がなく、お互いの協力だけで成り立っている「天国」を期待するならば、目の前で自分の天国が作れる。宗教もいらないんです。宗教システムがいかに悪いかといったら、日本の新興宗教みたらわかるでしょう。宗教は金儲け。それで終わり。一般人がお布施をおさめた金額によって上下関係とかいろんな階級を決めて、ステイタスをあげたりする。だからあってはならない組織でしょ。本当に天国を作りたければ、二、三年でできます。それは、慈しみをベースにしたシステムを作ること。
ハナムラ ほんと、そうですね。
長老 それは難しくない。ただ単純にベースが慈しみなだけで。たとえばダムを造らなくちゃいけないというプロジェクトがでてくる。その時には、その建設はどんな程度で、それでどれくらい慈しみが守られるかと考えればいいという話でしょ。ダム造ったら、これくらい電気が生まれて、これくらいの農業ができるかもしれないけど、自然はこれくらい破壊されてしまう。それを見ると損が多いので、じゃあやめましょうと。そういう感じになりますよ。
ハナムラ ほんとはそれが智恵だと思うんですけどね。
長老 慈しみがベースになってくると、個人の貪瞋痴の活動はできないでしょ。
ハナムラ やっぱり政治家って智恵がないですね。
長老 智恵がないから政治家なんです（笑）。
ハナムラ 阿羅漢（悟った者）は政治を絶対にやらないし、やりたいという気持ち自体が生まれませんし。
長老 在家世界では、仕事もしたいし、結婚もしたいし、子供作りたいし、旅にも出たいしね。コンサートにいって、ちょっと音楽でも聞きたいし、友達とパーティもやりたいし。それでいいんですよ、それをやらせてあげてください。派手な偉そうなことじゃなくてもいいんです。私が思うのは、もし政治システムが慈しみをベースにしたならば、もっと贅沢できるということですね。今よりは贅沢できると思いますよ。いわゆる贅沢が誰にでもできるようになっちゃうと、それは贅沢ではなくなっちゃいますよ。ということは、楽に生きることなんですね、結局は。
ハナムラ そうなんです。だから今のシステムからまず「離れる」という選択からではないかと思うんです。今の社会が沈んでいく船なら、そこから離れて小さな範囲でもいいので、協力し合える自分たちの社会を作るオルタナティブもあると思うんですね。
長老 いま大きなグローバルなシステムに依存して僕たちは生きているから、エネルギーにしてもお金にしても自分のコントロールの外にある。そうじゃなくて、慈しみ主義をベースに自分のコントロールできる範囲のシステムをあちこちに作っていくこともひとつの選択なのだと。心清らかにした人々にはいとも簡単にシステムから離れることができますからね。そういう人々を育てることは人類には負担ではない。逆に宗教システムを支えることのほうが恐ろしい負担になるんです。心清らかにする人だったら、ただ一人静かに過ごしているんです。

地球スケールの人口バランス

長老 もうひとつ言い忘れたのは、人口は増えないんです。増えているのは数字だけの話で、人間の繁殖能力は減っているでしょ。あらゆる環境破壊や汚染のせいで、人間の身体がどんどん壊れて女性は子供を産めなくなっている。繁殖能力があっても、若者に結婚できるくらい収入がない。収入があがるまで待っちゃうと、ちょっと年齢が上がって、そうすると繁殖能力がなくなっちゃうんですね。

だからいま八〇億超えるんだよと悩んでもね……。見てみなさい、減るんです。人間が足らないということになる。たとえば、日本の産業はほとんど閉鎖状態になっている。働く人々がいないんです。私も知っているあるタクシー会社とか、営業をやめる羽目になっています。お客さんがいないからではないんです。運転手がいないんです。それでコンビニ見たら、必ず外国の学生さんなんですよね。

ハナムラ　今どこでも働き手が少なくなっていますよね。

いまのお話で二つほど思うことがあって、ひとつは人口が減っているというか増えないというのは、人間の身体の細胞でも同じですけど、地球のホメオスタシス（恒常性）が働いている可能性です。あるキャパシティの範囲で増えすぎたら減らそう、減りすぎたら増やそうとして中庸に戻そうという仕組みが自然にはある。その仕組みが、もし地球全体で働いているとしたら、人間が増えすぎたら自然の法則として減らしていこうとするフィードバックが働いている可能性があるのかどうか。

もうひとつが、特に人口が減っている国と増えている国があって、世界全体で見るとその割合が違うわけですよね。日本は人口が減っているし、韓国も減っている。アメリカもいまはちょっと減っているのかな。でもアフリカの諸国ではものすごく増えていっているわけですよね。この人口増減にはある種の政治的な意図も裏側にはあるのかどうか。たとえば日本では水道水の塩素濃度の高さや、食品添加物の種類の多さ、薬に依存した医療の話なども含めて、とにかく不妊がものすごく増えている。だから自然の力だけではなくて、人為的な意図が入っている可能性があるかもしれない。
長老　不妊であれやこれやと言っているのも豊かな国々だけでしょう。その国の人々はすでにものすごく悪行為をしているんですね。自然破壊して、みんなが食べるべきものを自分だけでひとりじめにしてね。だから自然法則で産んだら迷惑だと子供が産めないことになっているんです。そのかわりにアフリカで増えているんです。
ハナムラ　それはコミュニティとか国家とか、民族全体がもっている集団的なカルマ（業）のような要因はあるんですか？　その民族全体で悪業を受けるというような。
長老　どんな民族を見たとしても、あまりにも贅沢で、自然を使いたいように使っている人々の次の世代はダメでしょ。子供が一人二人は生まれても、生き方もわからないし、はちゃめちゃ。そうなると次の世代はナシになります。それは昔のインドの仏典のストーリーを見ても、次の世代で途切れちゃう。それは心根が悪かったからなんです。
ハナムラ　まぁ、原因と結果ですよね。
長老　地球で、結構な国々で人口が減っていて、でも別のどこかの国々では問題なく、どんどん子供が産める。その遺伝子はＯＫで、働いています。だからその人々が次に世界を管理することになるんです。だから私はそれは問題に見えない。なぜならば将来的にひとつひとつの国ということがなくなっていくでしょう。
ハナムラ　日本はすごく排他的で移民を入れないとしてきましたね。外国人労働者として入れても搾取するシステムを作って、ものすごい苦労させて、安い給料を払って汚いことをやろうとする。でもそんなもの長続きしません。日本で仕事をする人間が消えたら、いやおうなしに外国から雇う羽目になるんで、外国の能力ある人々を雇ってしまえば、その人たちはみんな仕事しますよ。日本人はこの後どんどん人口が減っていって、外国人がどんどん増えていって、もともとの日本人の割合が少なくなる可能性があるのはどう考えますか。
長老　少なくなっても国際社会になる、それだけ。全滅することはないしね。
ハナムラ　なるほど……。
長老　病院なんかに行くと、こんなにたくさん人がいるのかと思って、よく見るとスタッフで仕事しているのはみんな外国人なんです。「きつい」とか、「時間が長すぎ」とか言って、日本人の働き手がいないんですね。
ハナムラ　最近増えてますよね。
長老　ですから、人口が増えて、人口爆発するというのはいい加減な話でね。人口爆発はないんです。いつでもバランスです。これは宇宙スケールのことだから、そのバランスはもう変えられませんね。
ハナムラ　実際に人口動態論で言われているのは、大体一〇〇億人くらいになったら止まるだろうという予想ですね。地球の人口がいまは増えていますが、二一世紀の間に一〇〇億人前後くらいになるのが目途で、あとは減っていくか、バランスするということ。だからこのまま永遠に増え続けるということはないとは思いますね。
長老　うん。だからそういうものは心配する問題ではないんですよ。それよりも一人ひとりの人間が自然破壊しないで、自分がどのくらい自然を守るために何が貢献できるのかと、考えてほしいね。

自然破壊してしまう存在として生きるうえで

長老　人間に生まれたということは、どうしても自然を破壊しますからね。野生の動物もそうでしょ。鳥が木の上で巣を作っちゃうと、その分、自然破壊も起こる。穴を作る鳥たちいるでしょ。木に穴を作るんだから。木にとってありがたいわけではない。あの連中も贅沢で、来年も同じ穴を使いましょうとかないんです（笑）。
ハナムラ　一度作った穴からは出ていきますからね（笑）。自然の改変もちょっとなら仕方ないと思うんですよ。我々には生存欲があって、人間が生きていること自体が他の生命を殺生している、殺していることになりますからね。自然から何かをいただかないと、僕たちは生きていけない存在です。だからこそ生存欲を減らしていくことが、自然のなかでのひとつのコントリビューション（貢献）になると思うんですね。

以前に僕は長老に、輪廻のシステムのなかになぜ植物がカウントされないのか、質問したことがあります。そのときに、長老がお答えになられたのは、在家の人にそれを言っちゃうと農業もできないし食べていけないから、そういうことにしているということでした。でもサンガ（僧団）の戒律のなかでは僧侶は枝一本折ってはいけないし、落ちてきたフルーツ以外は食べられない。つまり「与えられたもの以外はいただかない」という戒律だと思うんですけど、もらったもの以外は食べちゃいけないというシステムがあるんですよね。
長老　そうそう。そうやって精密に生活できるのはシステムから離れた人なんです。システムにいる人はどこかでコンプロマイズ（妥協）しないとね。そのコンプロマイズするときは、慈悲を使ってほしい。
ハナムラ　妥協にはレベルがあると思うんですよね。ここまで行ったら行きすぎだというような話があって。
長老　だいたい強者が自分のセクションを大きくするでしょ。弱者が「ああ、仕方がない、この程度にするぞ」と妥協することになっちゃう。たとえばある場所でおじいさんとおばあさんが自分たちの小さな家とちょっとした土地があって、そこでひそやかに生活している。そこに日本政府がダムか何かを作ると計画して、そのプロジェクトにこの土地がほしいので、出て行けと言うでしょ。二人は代々住んでいる場所だから離れたくないと言っても、政府が強者だから離れなくちゃいかんですね。政府は新しい土地をくれて、しかも家も作ってくれるかもしれない。それでもね（笑）。だから妥協になるんだけど、やっぱり強者がとるんですね。

ハナムラ　どうにもならんのでしょうかね……。
長老　慈しみ主義だったらうまくいくんですよ。同じケースを慈しみで考えちゃうとどうなるのか。おじいさんとおばあさんにも慈しみがあって、政府にも慈しみがある。二人は、「我が国の政府はこんなことをやるのか、たくさんの人々のためになりますね」と。政府も「ありがとうございます」とお互い気持ちよくね。そして、二人が「できれば我々の住むところも考えてもらえればありがたい」と言うと、政府は「おじいさん、ここらへんどうですか」とかね。そうすると「とにかく街に近いほうがいいんだよ」とか。「なぜかというと、年をとりますからね」と。そしたら「ちょっとうるさいんだけど、ここらへんでどうでしょう」とかね……。こうするとすごく美しいコンプロマイズになるでしょ。だから慈しみベースだったら、どんな問題でもピタッと解決します。世にそういう政治論は存在しないんです。ぜひ提案してください（笑）。
ハナムラ　智恵と慈悲をベースにした「慈しみ主義」の社会システムの提案が必要ですよね（笑）。
長老　ネオポリティカルシステム（笑）。
ハナムラ　コンプロマイズのレベルはいろいろあると思うんですけど、いまの僕らが生きている社会の前提はほんとに残酷なシステムが隠されていて、牛とか豚とか鶏とかをいとも簡単に殺すようにできてます。牛の大きな頭をノッキングペンという鉄製の太い針で刺して即死させて、首切って、血を抜いて、解体されて僕らの食卓に牛肉が並ぶシステムの上に生活がある。でもその工場で作業をしている人たちには悪い気持ちはまったくないんですよ。そのシステムのなかではやらざるを得ないから、まるで工業製品を扱うように、命を命として観察しないように淡々とするしかないんですね。観察していると仕事にならないですから。そうしたシステムを生み出す根底の価値観自体がそもそも慈しみシステムからは大きく外れているようにも思えます。
長老 やっぱり政治の大きいところに慈悲喜捨を入れなければね。チキンファームを作るかどうかという、小さいところにだけ問題をもってくると、解決策は実行できないでしょうね。大きな慈しみのシステムができたら、小さなところでもそれなりの何か解決策を発見するでしょうし。それでもコンプロマイズの世界になっちゃいますからね。とはいえ命をとることは悪いことでしょう。
ハナムラ 本来は命をみだりにとることはしてはいけないことですが、僕らが食卓で毎日食べているものはかつて命だったものですしね……。
長老 命を奪わずに、より簡単に必要な栄養を摂れる方法が現れてくると変わるかもしれませんね。しかもより健康的で生活習慣病にならない、悪玉コレステロールもたまらない、しかし美味しい、食べるのも簡単。そんな食文化が現れてくると、誰もが必死になってチキンを食べたいとはならないでしょうね。
ハナムラ それはある意味でテクノロジーとサイエンスの力だと思うんですよね。その一方で、もうすでに始まりそうですが、動物を殺さずに食べられる部位の細胞だけを採取して培養することで作られる「培養肉」のようなものが出始めています。でもそれが本当に解決策なのかどうかは僕にはわからないんですよね。じゃあコオロギ食ならいいのかと。でもコオロギも命ですからね。

だから問題は食糧生産の方法だけでもないように思えるんです。新しい食糧の生産方法が模索される一方で、余っていて捨てられる食糧もいっぱいあってフードロスみたいなことも問題になる。つまり全体のバランスを誰も把握できていない状況があるんですね。
長老 そこで見ているのは損得だけ、それだけでしょ。すごくシンプルな見方だけですね。輸出入も損得だけしか見ていない。
ハナムラ まったくそうですね。
長老 それだけで社会は成り立たないでしょうね。だからやっぱり慈しみで考えればどんな結論かと。そして、その結論を実行すればいいんですね。
ハナムラ だから、いまの我々や、これから社会に出る若い人たちも、何かのソリューション（解決策）を出していく前に、まずしっかりと慈しみをもつことが大事だと思うんです。
長老 まあ、まずは一人ひとりが自分の人生をまず育てるんでしょうね。慈しみのあるしっかりした人間になると。

心の波動と共鳴

ハナムラ どうして誰もが明らかにおかしいと思っていることが世界中で堂々と行われているのか。もちろん人間の貪瞋痴の話はあると思うのですが、本当にそれだけなのだろうかと思うことがあるんですね。人間の悪行為でできることはたかが知れていると思うんです。悪行為は無制限に拡がっていかないから、ある程度でおさまるということですが、いま地球全体で悪行為が行われていて拡がっている。それらは誰も全体像が把握できないような状況のなかで複雑に関係していて、僕らは大きな無知に陥っているんですね。こんなに理不尽な状況が次々と現れ、僕らの怒りがわざと焚きつけられる状況があるのは、本当に人間の愚かさだけの仕業なのだろうかと思ってしまうことがあります。
長老　それは法則ですよ。電子一個ずつは大した力はもっていないんだけど、電子がつながるとすごい力になる。インターネットとかでも同じでしょう。波長と波長が合うとすごい力になる。そんな感じで一人が嫉妬すると、別の何人かの心に嫉妬が生まれるんですね。
ハナムラ　なるほど、心同士がシンクロナイズ（同調）して生まれているということですね。こちらで電気が生まれて、コイルがあったらそちらにもまた電気が生まれるというような。
長老　電磁気学ではインダクション（電磁誘導）とかいう単語を使うようですね。
ハナムラ　電気には共振回路のようなものもありますね。音の共鳴もそうですが、波で言うとコヒーレンス（干渉）ですね。こちらの音叉を鳴らしたら、隣においている同じ高さの別の音叉がなり始める。同じ周期、同じ振動数の波動は共鳴し合うということですが、やはり心のエネルギーというのは波で捉えたらいいんですね。
長老　そうです、それも波ですからね。心の波はすごくきつい波ですよ。物質波の光子よりも速いんだからね。

ハナムラ　心は物質の一七倍のスピードだとアビダンマにもありますね。
長老　うん、だから心を通してどんな波長かを、自分自身で実感するしかないんですよ。恐ろしい速さですよ。こっちで怒りの波動を作っちゃうと、適当などこかでまた別の心に怒りの波動が生まれているんですね。そしてまた別のところで怒りの波動が生まれてね。そうすると三つの波動が合わさって振動して、地球を巡っていくんです。
ハナムラ　物質と同じように心のエネルギーがシンクロナイズしていくのはリアルな話だと思うんですよ。最近動物たちを見ているとね、カラスなんか特にそうですが、すごく騒がしいんですね。それって人間の心の波動がおかしいから、動物たちがものすごく反応している感じがするんです。だから一人ひとりのなかでたまっている心のエネルギーが合わさって、昆虫とか、動物とか、鳥とか、他の生命にものすごい影響を与えている気がします。
長老　すごく影響与えているんですね。そこも人間が考えるべき問題ですよ。勝手に怒っても、何人かの心に波動が移っちゃうしね。移るときの法則もありますよ。一番親しい人から先に移るんです。ウイルスと同じ。自分がウイルスに感染したら、次に家族。
ハナムラ　まずは近くの人にということですね。
長老　精神的にも同じで、親しい人に起こるんですよ。だから一人が怒ったら、ダメージ受けるのも親しい人々でしょ。
ハナムラ　一緒になって怒りますものね。
長老　私が怒ることは私と私の家族も不幸に陥れることになります。嫉妬したら、家族にもその不幸を与えることになります。だいたい家族というのは共鳴することを頑張ってますからね。相手をよく理解するというのは共鳴するということだからね。
だから心だけ見ると、そういう法則だから物質よりも怖いんですよ。自然破壊というあまりにも大きな問題を心が引き起こすんですね。ハナムラ先生もおっしゃっていた電磁波の問題も、電磁波そのものは悪くないんです。ただ我々自身を作っている元素も電磁波でできているんだから、自分も波ですよ。
ハナムラ そうですね。キーワードが見えてきましたね。「波長」と「共鳴」ですよね。物質も同じように波ですから、物質同士も共鳴しますし、心はもっと速いスピードで共鳴するということですね。
長老 先に心同士で共鳴します。
ハナムラ その話の流れで、心のエネルギーの話を少ししたいんですけど、物質では閉鎖系でのエネルギー保存の法則が言われているじゃないですか。元素やエネルギーの観点で見ると宇宙全体では減る物質もなければ、増える物質もなくてずっと循環しているという考え方ですね。だから宇宙全体をもし閉鎖系として考えるなら常にエネルギーが保存されているという話もあります。そうした総量が変わらないという考え方は物質のエネルギーに限るのかどうかですね。心が物質とは違うエネルギーで、違う法則で働くとすれば心のエネルギーは保存されているのか、増えていくのか、減っていくのか。それともそんな概念では捉えられないのか。そのあたりは仏教のなかで何か語られているんでしょうか。

長老　あまり語られていないんだけど、宇宙は有限なものだから、計算したりすることができますね。心は宇宙よりもっと広いので、宇宙の次元を飛ばしていくこともできるしね。我々は何を考えても三次元的な思考だから、物質的な思考なんです。だから心のありさまを人間が考えることは不可能で、ブッダは「心とは何か」については考えることはやめてくださいと言うんですね。心は自分でエネルギーを増やすこともできるんです。だから心にエネルギーを溜める方法はオートチャージ。車で喩えると、電気自動車を買って最初にフルチャージして運転する。運転すると、オートチャージになって、それから永久的にチャージする必要ないんです。車が壊れて、廃車になっても、電池はフルチャージ。実際にはこういう車はないんだけど、心にはそのオートチャージの法則があるんです。なんで人間は喜んで自分から怒ろうとするのか。なんで喜んで嫉妬しようとするのか。この「喜んで」というのは、やめなさいっていってもやめないし、やめたくても、やめられないんだからね。その喜びなんです。あれは悪エネルギーを充電してます。
ハナムラ　なるほど。逆に梵天界の神々は喜びのエネルギーしか生み出せないとどこかに書かれていましたよね。つまり喜びのエネルギーがアーハーラ（食物）になると。
長老　心は自動充電しているんだからね。怒りもアーハーラですよ。嫉妬も憎しみもアーハーラですけど、あまり食べたくないアーハーラですね。一番ひどい例でいえば、人間の便を食べても、人間は死にませんよ。まだたくさんの栄養が入ってますし、消化もできますよ。でも食べたくないでしょう。

そんな感じで、怒りも、嫉妬も、憎しみも、欲も、落ち込みも、すべて心の栄養、エネルギーになるんです。それよりも慈しみの栄養はすごく上質で副作用がない。怒りは副作用を出す。梵天などの神々は、そういうエネルギーで生きているんですね。そこでの喜びも、あれは禅定の力ですからね。
ハナムラ　生きていること自体が、心をいかに燃やすのかに向かうので、望もうと望むまいと、すべての感情が心のエネルギーになるということですね。
長老　なんでもエネルギーとして摂り込むことになります。
ハナムラ　エネルギー保存の法則というのは、心の場合には当てはまらないということですね。どこかで増えたからといって、どこかで減るという物質のエネルギー保存ではないと。
長老　そこはないですね。私が嫉妬して、どんどんエネルギーが溜まると、どこか減るということはあり得ないですね（笑）。逆に働くんですよね。関係ない人も嫉妬してしまうという。嫉妬の場合はすごい明確でしょ。ある女性がある女性のことを嫉妬すると、その女性も相手のこと嫉妬するんです。
ハナムラ　怒りもそうですよね。この人のことを自分が嫌いだと思ったら、向こうも嫌いだと思いますからね。この人を好きだと思ったら、この人も好きなことが多いので。共鳴ですからね。
長老　そうそう。だから物質の法則とすごく違う法則です。

心のエネルギーがリミットを超えると

長老　輪廻六道★54という概念にも、いくつかの理論が成り立つんですね。たとえば嫉妬する。そして他の人も嫉妬する。そうするとエネルギーが溜まる。そうやっていると悪いエネルギーが溜まりっぱなしでしょ。それが溜まって、溜まって、どこまで溜まるのかと。それにも量があるんです。量が満杯になっても、まだ嫉妬するならば、それで「心の次元」が変わっちゃうんですね。たとえば、地獄というのは苦しみの次元ですね。その苦しみの次元に陥っちゃうと、その溜まった悪いエネルギーをずっと使うことになるんです。嫉妬のエネルギー、怒りのエネルギー、欲のエネルギー。そういうのが膨大にあるので、それをどんどん使って、ある程度のバランスまでくると、その時にまた生命は次元が変わって、別の次元になるんです。
人間も怒ることはできるんだけど、ここまでという限界があるんです。そこを超えて怒っちゃうと、ただちに死ぬんですね。欲の場合もここまでというリミットがあるんです。それを超えると次元が変わるんです。その生命を破壊して、別の次元になるんです。
ハナムラ　それはそのリミットを超えると「殺害業★55」が入るという理解で良いのでしょうか？
長老　それは殺害業ではないんです。いま言ったところはアビダンマでは扱っていません。経典のブッダの教えのなかから取り出さなくてはならないです。
単純な言葉で言えば、いわゆる「キャパシティ」ですね。キャパシティオーバーしたら壊れるでしょ。車にもスピードのキャパシティありますからね。車のメーターが時速二五〇キロまであるといっても、その速度まで出せませんよ。
ハナムラ　今のキャパシティの話はカルマにはキャパシティがあるということなのでしょうか？
長老　カルマはポテンシャルという意味ですからね。
ハナムラ　たとえば、地獄でずっと使っていくという怒りのエネルギーは、それまで得たカルマの話ですよね。
長老　ええ、それはカルマ。地獄に落ちると、ポテンシャルもって生まれるからね。
ハナムラ　その次元で心が生まれて、それまでのカルマを消費したら別の次元に行くということですよね。それに対して、今のリミットがあるという話は、カルマではなくて、たとえば怒りのなかでのリミットがあるということですよね？　簡単に言うと怒りすぎると、死んでしまうということですよね。
長老　そう、死にます。
ハナムラ　心が身体のキャパシティを超えて、壊れるということですよね。
長老　そう、身体が壊れる。心臓が止まったりと、いろいろな理由でね。心臓は鼓動するたびに、心の信号で鼓動していますからね。それでちょっと怒ると鼓動は変わるし、嫉妬したり緊張すると、またちょっと変わる。

★54——仏教用語で、生命が亡くなったあとに輪廻転生する天・人間・阿修羅・餓鬼・畜生・地獄の六つの世界を指す。
★55——仏教では通常は誕生を司った業が命を維持管理しているが、そこに他の命を落とすほどの過去の悪業が作用して絶命させることがある。

ハナムラ 一瞬で変わりますからね、ほんとに。心が変わると、瞬時に身体が変わるので。
長老 それで耐えられない。リミット超えて、キャパシティ超えて、怒りの信号を送ると、心臓が速くなって止まる。さよならです（笑）。
ハナムラ それは仏教的に考えなくても、医学的に考えても理解できる普通の話ですね（笑）。
長老 そう、どんな悪感情にもキャパシティがあるんです。おもしろいのは、全感情にそのキャパシティのリミットがあるわけではないんです。
ハナムラ なるほど。無量心[★56]だったかな。
長老 うん、無量心。四無量心というのは慈悲喜捨ですからね。
ハナムラ 慈悲喜捨は拡大して、増えても増えても……。
長老 かなり増えられますね。これを逆に考えて、俗世間に当てはめてみましょう。たとえば人が借金するのにはリミットがありますね。一億円借金すると言っちゃうと、大変でしょ。銀行があれやこれやと聞いてきて、何のために借りるのか、担保はあるのか……、とかすごい大変です。でも、その人が仕事をして、商売をして、儲けてどんどん銀行にお金を入れていって、一億円になっちゃう。そのときは銀行の人は何も聞かない。その人を丁寧に呼んで、コーヒー一杯でもあげて、新しい口座作りましょうということになる。だからそんなふうにポジティブの場合はキャパシティが増えていくんです。
ハナムラ いやあ、これはおもしろい話で、やっぱり宇宙の法則がそうなっていると。つまり悪いものには制限があるけど、良いものには制限がない。それは「法則」なんだとちゃんと理解したほうがいいですよね。
長老 物理法則に似ているように見えるんだけど、心の法則ですからね。ぴったし物理とは合わない場合がありますね。
ハナムラ 慈しむこと自体が宇宙の法則である。それをちゃんと科学することが大事ですね。良い心に限界はないことを宗教の言葉ではなく、科学の言葉として語る必要がありますね。
長老 そう、宇宙の法則、そして生命の法則。お釈迦さまはすごい free thinker（宗教的権威にとらわれず自由な思想をもつ人）ですが、理性的に理解できない人には宗教の概念も使って説明しますよ。慈悲喜捨は「ブラフマビハーラ」、つまり梵天の神々の生き方として説明します。梵天とはインド文化では全知全能の神なんです。だからまったく宗教的な概念ですね。もちろん、本当はこうした心のエネルギーによる宇宙の法則であれば、全知全能のボスがいるはずはないでしょう（笑）。だけど宗教の言葉で説明するなら、慈悲喜捨を実践する人は、ブラフマビハーラ、要するに神だと。具体的に慈悲喜捨を実践して完成させれば、あなたは神ということで、神のような偉大な力をもっている、何でもできる人間になっていますよと言うんです。
ハナムラ 出世間では、ポジティブな心もネガティブな心も乗り越えることが大事だという話ですけど、俗世間ではまずポジティブな心を育てることが大事だという話だと。
長老 すごく原始的でみじめな生き方をするならば、神さま、私の罪をゆるしてくださいとか頼んで

★56 ―― 無限に拡がる心という意味を表し、「慈・悲・喜・捨」の四つの気持ちを指す。

いるでしょ。神の「しもべ」になっています。

ハナムラ　まさに奴隷システムですよね。

長老　そういう奴隷システムにいる人に対しても、お釈迦さまは助けてあげたくてね。慈悲喜捨すればYou can be God。簡単でしょう。

そうすると、愚かな人は「私が神になったら全知全能だから、このストーブが金《きん》になってほしいと思ったらなりますか？」と（笑）。

「あのねえ、神になったらそんなくだらないことに興味はないよ」と。俗人だったら、ストーブが金になって喜びますよ。でもそんな汚い気持ちは神にはないんだよと。しかしあなたの希望通りの世界が生まれますよと。もし慈悲喜捨を完成させれば、人にちょっと助けてくれますかと頼んだら「ぜひ喜んで、やらせてください」と返ってきますよ。それってすごいでしょう。

他の生命とのコミュニケーション

長老　もしその慈悲喜捨の気持ちで種をひとつでも植えたなら、植物自身で「じゃあ早く育ってあげます、早く実ってあげますよ」と頑張ってくれますよ。
ハナムラ　植物って素直ですからね。手間暇をかけて心を傾けた分だけ、受け取るんです。
長老　私はすごくシンプルに頼むんです。そうしたらやってくれます。
ハナムラ　シンプルに植物の心にアクセスするんですね。

長老　たとえば、「こんなことになったら困ります」とお願いします。植物はスローだから二日、三日かかりますけどね、そうなるまでに。
ハナムラ　虫とかもそうなんですよね。ゴキブリが家にいると、僕がまだブッダの教えをよく知らない頃はスリッパで叩いていたんです。でもいまは、容器をもって、「大丈夫だよ」と言いながら近づいていったら、素直にすんなり入って、言うことを聞いてくれるんですね。
そりゃ、虫からしたらスリッパもった大きな奴が殺そうと思いながら来ると怖いはずですよね。でも、こちらが大丈夫だよと優しい気持ちで行ったら、なんのこともなく、かわいく言うことを聞いてくれるんです（笑）。
長老　うんうん（笑）。
ハナムラ　本当はそういう感じで、他の生命とコミュニケーションすることは当たり前のはずだし、子供の頃はどこかでそういうことを知っていると思うんですね。それを大人になると全部忘れてしまって、理屈をつけて言い訳するんですが、慈悲というのはすごく理にかなった法則なんだと言いたいですね。
長老　本当に楽に生きられますよ。私がある日、スリランカにいたとき、茶色の蟻たちがどこかからやってきて、私がいた部屋を通って、またどこかに行くんですね。こいつらにかまれたら、ものすごく痛いんです。それが通って行くわ、行くわと。しばらく見ていたら私のベッドに勝手に上って高速道路みたいに、どこかに行くんですね。
ハナムラ　蟻たちの通路になっていたんですね、ベッドが（笑）。

長老　あの連中、二四時間仕事するでしょ。やれやれ、これ発見しちゃったので他の寝るところを探さなきゃいけない。ここで寝たら大変なことになるんだと。体中に蟻がきて、かまれるんだから。それで夜寝る時間になってね、大体一〇時半とか一一時とかね。そうすると、いないんです。
ハナムラ　蟻がいなくなってる？
長老　ルートを変えているんです。
ハナムラ　へぇ、それはおもしろいですね。お願いしたわけでもなく。
長老　ないない。蟻に対して何の怒りもないし、かわいそうでね。自分たちの通り道だから、それを壊しちゃうと向こうは大変困りますよ。「ああ困っちゃったな」と思ったらね、ちゃんと夜はルートを変えます（笑）。
ハナムラ　いやあ、昆虫とか動物は賢いんですよね。こっちの心の波動を、他の生命はちゃんと読んでコミュニケーションするんですね。植物だってまったく同じですね。
長老　植物だって同じですね。
ハナムラ　ステファノ・マンクーゾというイタリアの研究者は、植物には少なくとも一五以上の感覚があると。視覚、聴覚だけではなくて、重力だとか、磁力を感じたりとか、人間がもっていない感覚を一〇以上ももっているという研究をしています。植物のコミュニケーションは我々が考えている以上に敏感なんですね。
また別のある研究者の実験で、サボテンに電極を刺して信号を測りながら、その近くにグッツと煮えた油を用意して、そこに生きている魚を一匹ずつ落としていく装置を作ったそうです。

そうすると、魚が落ちて苦しむたびにサボテンが鋭く反応すると。つまりそれが本当だと、ある生命は他の生命の苦しみを敏感に感じて知っている。
そういう心のコミュニケーションが種を超えて他の生命ともできるということを人間は忘れているんだと思います。それは当たり前の法則なんだということを科学のなかで思い出す必要がありますね。
長老 うん、だからねえ、言えばやってくれる世界でしょう。
ハナムラ 頼まなくても、ちょっと困っていると言ったらね（笑）。
長老 こっちから頼むくらいの資格をもたなくちゃいけないですね（笑）。だから慈悲を育ててくださいと。慈悲をもっている人にはその資格があるから神と等しいのです。
ハナムラ そうですね、やはり自分の身を守るためにも攻撃よりも、慈しむことが最大の防御ですよね。
長老 自分の国で時季外れに植物に頼んで花を咲かせてもらったことがあります。周りのみんなが、この植物は今は咲く時期じゃないですが、この季節が来れば咲きますよと言ったんですね。私は「ああそうか、あなたの花を見たいんだけどね」と。それ言ったら、大体一日二日くらいかかりましたけど、ちょこっとそこに花が出てくるんです（笑）。超かわいいんですよ、そうなると。わかるんだからね。私に見せるために、自分が頑張って、細胞変えてね。花咲く細胞がありますから、そこをオンにして咲かせてくれるんですから。
ハナムラ そうなると、完全に友達ですよね（笑）。
長老 なんとありがたいと感じますよ。

対談風景

対談❸

宇宙と法則

見えないものをどう見るか？

宇宙のパターン

ハナムラ　これまでの自分の研究を統合しながら新しい科学へとつなげたいと思っていて、いまのところそれを「生命表象学」と名付けているんですね。無常に移ろう宇宙のなかで、無数の生命が生まれてきますが、そのときの現れ方に何らかのデザインパターンがあると思うのです。だから心が物質を伴って生命として現れる際に、どのような形態《デザイン》やパターンの表現を伴うのかを考えたいので「表象学」と付けてます。

ブッダのいう無常の世界では、物事は無常で常に変化し続けていて、すべては一時的に現れる現象にすぎない、そして同じ現象は二度と現れることはない。でも一方で同じ現象ではないけど自然や社会のなかには繰り返し現れるパターンが見られます。無常のなかにもリズムがあったり、波のような変化があったりと、自然や社会が採用する形には因果法則にもとづいた一定のデザインがあると思うのです。そこにどんな因果法則があるのかに関心があります。

僕自身がいまの時点で理解しているのは、まず宇宙全体がフラクタルに動的な法則が働いて変化していくことです。一番大きな動きでは、ビッグバンで宇宙全体が拡がっていって、どこかまでいったら拡大の期間が終わって、今度はビッグクランチを経て宇宙は縮んでいく。つまり宇宙全体には「拡大」と「収縮」という動きがある。

それを素粒子レベルで見た時に、仏教でいう地水火風の元素の、特に「水」と「風」ですが、そこに「引力」と「斥力《せきりょく》」が象徴されている。つまり水の特性である集まる力と、風の特性である散らばる力ですね。これも宇宙と同じように収縮と拡大だと思うんですね。そして心にも同じパターンがあって、「欲」というのが自分に何かを集める引っ張る力で、「怒り」が自分から何かを遠ざける突き放す力。つまりここでも引っ張る力と突き放す力というバランスがあるわけです。つまり、宇宙全体がこの引力と斥力、拡大と収縮というダイナミック（動的）バランスで成り立っていて、それがフラクタルになっているのではないかと理解しています。これは波のように変化すると捉えることができますが、概ねこのパターンで動いている。この理解はどうでしょうか。
長老　それでよろしいと思いますよ。できるだけシンプルに語ったほうが人々にとってはいいですからね。だから宇宙のパターン、生命のパターンをベーシックレベルで理解するならば、そういうシンプルな働きにもとづいて説明したほうが理解しやすいですね。
たとえばビッグバン理論っていっても、経験して語っているわけではないんだからね。ただ物事の波をチェックして、それを逆算して、そうなっていると言っているだけで。仏教では、宇宙の収縮の時期と膨張の時期に加えて、科学では言わないようなステージがもう二つあるんですね。それはスタビリティ（安定）です。
たとえばいま宇宙は膨張していますね。その膨張しているのと、だいたい同じくらいの時間をかけて、スタビリティがある。
ハナムラ　★57「住劫《じゅうこう》」でしたっけ？
長老　そうそう。それも膨らむのとほぼ同じくらいの時間なんですね。スタビリティピリオド（安定期）をどう理解すればいいのか、私たちにもわからないでしょ。我々はずっと変動するし、実際に、私の身体も膨張していますよ。でもよく測ったら、膨張ではなくて、年とって死んでいるのではないかと（笑）。
ハナムラ それはそれなんですが、でも別の角度から見れば、やっぱり素粒子レベルで膨張しているんです。まとめた形が大きいか小さいかだけでね。でも我々誰一人として膨張ということはよくわからないしね、感じないね。
長老 膨張するのは「風」の働きですが、これは四つのなかでも特に感じられないと言われますね。
私も日本での生活が長いけど、日本に来た時に最初に会ったのはみんな若いグループでしょう。その当時の若い子たちはほとんど私と同じ体格だったんですね。女の子たちも男の子たちも。でも、いまは中学生でもほとんどみんな私よりもすごく身体がでっかいんですよ。
ということは、上の年齢の人々はちょっと小さいサイズで、次に出てくる人々のサイズは大きくなっていくんです。だから昔の日本人は、ヨーロッパ人に比べて我々は身体が小さいと嘆いていたんだけど、いまは同じサイズになっているんです。だから膨張してますよ、結局は。
ハナムラ それは宇宙全体が膨張しているということと、人間の身体が世代を追うごとに大きくなっているという話とはパラレルなんですか？
長老 世代を追うごとに大きくなるんですね。でも、すごくでっかい人々の次の世代は、スマートになるんです。もっと巨人になるのではなくてね。宇宙が支えてあげられるだけのサイズでスマートになるんです。

ハナムラ　なるほど、ある一定のキャパシティで振動するということですね。
長老　うん。そういうふうに大きい流れのなかで、いろんなきめ細かい流れが現れるんですよね。私がすごく興味をもっているのは、宇宙が膨張した後の止まっている時間ね。そこからまた収縮して、その後にすぐにビッグバンが起こるわけじゃなく、また止まるんですね。これ以上小さくならないように。
ハナムラ　それは違う「カッパ」[★58]ですよね？
長老　そうそう。カッパというのはすごく長い時間でしょ。時間を計算するには、物質の流れが必要ですからね。そうでないと時間が存在しないしね。それは物質の変化からカッパという言葉を使っているんですね。そういうのはだいたい数字ではちょっと表れにくい。アサンキヤ[★59]（asaṃkhyeya：日本語では阿僧祇）という一番大きい数字ですね、インド文化では。はっきり覚えていないんだけど、一〇の何十乗くらいの数字ですね。それがアサンキヤですが、カッパもアサンキヤも単位で数えちゃうんですね。この「カッパ」という単語は何となく頭のなかでこんなもんだなとまとめるための概念ですね。ひとつにまとめたほうが理解しやすいんだから。
ハナムラ　さっきおっしゃっていたみたいに、ビッグバンの後に静止する「住劫」、そしてまたビッグク

★57――仏教では宇宙のプロセスを成劫・住劫・壊劫・空劫の四つのステージで捉え、住劫は宇宙が存続する期間を指す。この四つの期間を果てしなく繰り返すとされる。
★58――「劫」と訳される宇宙的に極めて長い時間単位を指す。定義はさまざまだが何万年から何十億年を指す。ひとつの宇宙が生まれてから滅びるまでの時間。
★59――直訳は「数えられない・不可算」。日本語で阿僧祇と訳される数の単位。一〇の五六乗の単位とされる。

ランチで宇宙が収縮しきった後の静止状態は「空劫」[★60]でしたっけ、止まった後にまた同じ時間かけて静止する。現代宇宙論では、ビッグバンとビッグクランチは言うのに、この二つのステージは語らないということですね。
長老 まあ語っているかどうかはわからないんだけど、私たちの知っている経典の知識から見れば四ステージですね。
ハナムラ 最近の宇宙論では「マルチバース」（multiverse：多元宇宙論）という考え方で、いろんな別々の宇宙が存在していて、それらがどこかでつながっているという理論があります。その考え方を採用すると今のお話の宇宙の四つのステージはまた少し違う概念になるので、そのあたりの整合性が僕にはよくわからないんですが。
長老 マルチバースというのは、私たちが知っている宇宙とは違ういろんな宇宙があるだろうということですね。まあ推測では考えられますけどね。いま私たちが生きている宇宙があって、その宇宙の果てはどこで、どこまで光は進むのかとかね。光の速度よりも速く宇宙は膨張しますからね。推測できる範囲まで推測して、宇宙の果てってあるのかいとかね。マルチバースの場合は、ダブっちゃって別の次元の宇宙もあるだろうとか想像するストーリーだけでね、我々の認識にはひとかけらも証拠が出てこない場合がある。だからそんな話に我々は困る必要はないんですね。別の宇宙があるかもしれませんし、ないかもしれません。それが何か影響があるなら、調べたほうがいいんですね。でもマルチバースの影響があるのかというと、よくわからない。ダークマターやダークフォースも同じでしょ。これは計算で結果が出るだけで、我々の存在には一切関係ないんですね。それはないことにして、計算しなくちゃならない。宇宙科学をやっている人々は、ある程度そこを計算する必要が出てきますね。宇宙船を飛ばしたからといって、自分たちの計算するような軌道でいかないのはダークマターの影響もあるでしょうしね。いろんな軌道のどこにまっすぐ飛ばしても、すぐに回りたがるのはそういうことなんです。
ハナムラ　ここでもうひとつ宇宙全体を貫くパターンがあって、今の渦を巻きたがるパターンもそのひとつですね。どんな小さなものでも、どんな大きなものでも、「直線」と「円」という二つの運動形態があって、それらが合わさると螺旋、つまりスパイラルになるんですよね。おそらく、これも宇宙全体のデザインを決めているプリンシプル（原理）だと思うんですね。
長老　そうそう、そういうデザインですね。
ハナムラ　それを理解すると竜巻がなぜあの形をとるのか、巻貝がなぜああいう形をとるのか、シマウマになぜ縞模様ができるのかが見えてくる。自然のなかにあるデザインは、宇宙全体に共通するような法則が表現されたものだろうと。
長老　宇宙全体的には、このギャラクシー（銀河）もそういう螺旋なんですね。丸く球になっていないんですね。変な形になっているのも、ダークマターという概念でも埋め込まなくちゃいけないしね。
ハナムラ　なので全体を統合する考え方としては、引っ張る「引力」と引き離す「斥力」、そして「直線」

★60——宇宙が存続する住劫に対して、宇宙がまったく存在しない期間を指す。

長老　に進む力と、「円」に進む力という四つくらいのデザイン原則に集約されると思っているんですね。宇宙全体の話はたしかなデータがないので、推測でしかないんですが、おそらく小さなものに働いている力は、大きなものにもフラクタルに働いているのではないかと思うんです。うんうん、簡単に言うとそういうことなんです。簡単というより、我々に研究できる範囲はそういうことなんですね。だからお釈迦さまがおっしゃったように、自分のことを研究してくださいと。そうするとあなたは一切の智者だよと。すべて知ってますよ。これこれをチェックすれば、全部それだけだと。それってすごい言葉ですよ。でも他宗教の人々は、お釈迦さまはそんな程度のことしか言わないとか批判するけどね。
ハナムラ　仏教研究は最初にキリスト教のプリースト（僧侶）たちがやったんだからね。仏教のようなものはペイガニズム（異教）で、こんなのは神の教えとは比較にならないと思っていたんですね。
長老　そのペイガニズムはどれほどのものかと、教会の聖職者たちが能力ある人々にお金を出して勉強させたんですね。それで、その人々は素直に研究してみた。初めの研究はたいしたことなかったんだけど、それがどんどん進んでいったら、大変なことに……（笑）。
ハナムラ　ペイガニズムのほうが正しかったんじゃないかと気付いてしまったんですね（笑）。私がいま思い出した本では、仏教で言われる「四聖諦」[★61]とか「八正道」[★62]とかは一応そのまま説明して、「シッダールタ、ゴータマ・ブッダは、創造主つまり神さまのことは知らなかった」と。ブッダが可哀想という感じでその文章を書くんですね。私は笑っちゃった（笑）。
笑っちゃいますね、それは（笑）。

長老　だから今更そんなことを言う人はいないんだけど、いまだに原始思考をもってきて実際に宇宙の創造神があるということを言いたくなるんですね。たとえば、科学者に仏教やら宇宙のパターンとかを教えちゃうと「それはインテリジェンス（知性）がなければできませんよ」とか言うんですね（笑）。
ハナムラ　それは何かのパターンが生まれるには、「作る人」が必要というような原始思考なんですね。我々はそこまで説明する必要はないんだけど、どんなものでもそれ自身がパターンを生み出して、自分のデザインをもっている。それは誰かに意図的に作られたデザインではなく、できたものにデザインがあるだけ。
長老　そのデザインもドゥッカ（苦）が支配しているので、同じ状態でいられないからとるパターンなんですよね。
ハナムラ　ドゥッカは心の世界で、物質のドゥッカは「無常」で説明してますから。心の場合は、無常でありながら、ドゥッカでもあるんですね。
長老　なるほど。拡がって縮むのも無常ですよね。同じ状態でいられないから大きくなって、そしてまた同じ状態にいられないから小さくなっていくという理解ですよね。
いつでも不安定な状態で停止しない波動で動いてます。だから私は、宇宙がこのスタビリティ

★61――仏教で説かれる苦しみの原因と結果、幸せの原因と結果を指す四つの真理で、苦諦・集諦（じったい）・滅諦・道諦を指す。
★62――仏教において涅槃に至るための八つの実践を指す。正見（しょうけん）、正思惟、正語、正業（しょうごう）、正命（しょうみょう）、正精進、正念、正定（しょうじょう）。

（安定）の状態にいるときはどうなっているのかと関心があるんです。そのとき存在は成り立たないね。生命は成り立たない。
ハナムラ　いま宇宙は拡がっているビッグバンの最中であるから、エントロピー（乱雑さ）が上がっていく方向だと思うんですよね。物質が壊れて拡散していって、熱が冷えていくという全体的に散らばる傾向にある時期だと。その反対に、ビッグクランチのステージに入って、宇宙が縮まっていくことになると、今度はエントロピーが下がっていく方向、つまり宇宙は冷めていくのではなく、逆に冷えていたものに熱がどんどん集まってきながら小さくなっていくと。そこではバラバラに散らばっていたものがだんだん集まってくる方向ですね。だから身体という物質がバラバラに壊れていくのではなくて、逆に物質が集まってきて身体がギュッと固くなって動けなくなっていく可能性がある。
長老　それは我々にちょっと想像できないんだけどね、やっぱりいまは宇宙が膨張して、我々みたいな生命体が現れる時期で、さらに膨張すると生命体は維持できなくなる。だから収縮する時に生命体がいるとするならば、その物質としては別の形になる。収縮ステージでも、また今と同じような状態にくるでしょ。そのときにはまた人間みたいな存在が現れたとしても、収縮のパターンで無常で変化していくんですね。
ハナムラ　そうやって逆再生になる可能性もあり得ると。たとえば、極端に言うと老人のような身体が弛緩した状態で生まれて、だんだんしっかりした若者のような身体になっていって、それから赤ちゃんに戻っていくというような。もちろん、これは逆パターンを説明するうえでの極端な例ですが。
でもいまのエントロピーが上がっていく、宇宙が拡がっていくという法則が、いつかは集まってくるという法則に切り替わる。だから、そのステージで同じ生命が生まれても、その法則に従って動いていく可能性が、推測できると。
長老 私は別のことを考えるんですよ。たとえば我々はいま「膨張時代」にいるんだけど、ひとつひとつの生命体のなかでは収縮理論も成り立っていますね。だからこのフラクタルで考えると、ひとつの生命のなかで両方の法則を使っていますね。子供がどんどん大きくなっていくまでは、よくわかりやすい自然の流れですが、中年をすぎると、小さくなっていくんですね。
それは膨張する宇宙の流れから見れば反対なんですね。フラクタルにはなっているんだけど、一個体としてみると反対の収縮の法則で進んで壊れてしまうんですよ。だからそれを理解したほうがいいですね。やっぱりフラクタルの小さな単位で考えると、一個一個は自分なりの無常のパターンをもっていますよ。
ハナムラ 全体的にフラクタルになっているけど、それぞれのスケールでのリズムが違うということですね。大きな全体での拡大収縮のリズムと、そのなかの小さな個体の拡大収縮のリズムとで。
長老 そう、だからそれぞれ各生命体の寿命が違うでしょ。
ハナムラ 心臓が一五億回打てば、すべての哺乳類は死ぬと主張していた生物学者がいるのですが、ゾウもヒトもネズミも、鼓動の速さが違うだけで心臓が同じ回数だけ心拍すれば止まると。ネズミは速い、ゾウはゆっくり、哺乳類ではないですが多分カメはもっとゆっくりしている。この心臓を打つリズム、つまり速さが寿命を決めているという研究があったと思います。
長老 そうそう、それもありますね。いろいろデータとって、推測するものだからね。だから心臓の鼓動というのは宇宙の鼓動でしょうしね。だから何回かと一応回数決めちゃって、スピードで調整すると。カメの身体のリズムと我々の身体のリズムは違う。年のとり方も違う。寿命も違う。だからひとつひとつは自分に適したパターンをもっているんですね。それは全体的な宇宙のパターンのなかでやらなければいけない。
ハナムラ 法則は同じだけど、違うリズムで動いているという理解ですね。

物理法則が当てはまらない世界について

ハナムラ もうひとつ僕が関心があるのは、いまの話は物質についての法則なんですけど、心のパターンにも収縮と拡大があるのではないかということですね。これまでの対話のなかでは、ポジティブな心は無量に拡がっていくけど、ネガティブな心はある程度のところまでしか拡がらないという話がありました。それで、いま宇宙が物理的に拡がっている状態なので、ポジティブな心も拡がっていて、ネガティブな心に制限がかかるというような、物理的な法則とパラレルに考えて良いのか、それともまったく違うような法則があるのか。それはどうでしょう。
長老 心を別に語っているのは物理法則の上に必ずしも乗せられないからなんです。物理法則はすごくシンプルな理論で、膨張論、収縮論、スタビリティ（安定）とか、あれこれ言っても頭で考えて理解できますよ。でも心の流れは理解できないんですね。心の流れは膨張と収縮だけには当てはまらないと思いますね。
ハナムラ　でもさきほど話した、怒りが斥力つまり引き離す力で、欲が引き寄せる引力であるというのはこの法則のなかで理解してもいいんですよね。
長老　そのときはリミットが成り立ちますよ。でもたとえば瞑想して到達する「禅定」が入ってくると、心は次元をあまり気にしないようになりますね。いま我々の心は物質の次元に閉じ込められています。だから誰の心ものすごくイライラしていますよ。でもそれは心が自分でやった間違いだから、誰かに文句言ったって意味がない。心が自分で意図的に三次元の物質に入り込んじゃって、勝手に閉じ込められて苦しんでいるんです。実際は、心は次元をとばしてもっと活動できるのに心が自分でやった間違いなんです。
ハナムラ　そこはすごく興味深いですね。仏教での禅定は「色界」という物質性が弱い世界を経て、さらに「無色界」というまったく物質によらない次元を想定しています。その無色界にいる生命は身体をもたないとされていますよね。物質にも影響されないし、宇宙の膨張収縮にも影響されないという次元です。つまりそこには心だけの生命体がそれぞれ独立している。人間のような身体も五感もないし、その次元での生命体同士もコミュニケーションできない。それなのに、どうやってその生命体の存在をブッダは知ることができたのだろうと思うのです。そこの世界には我々はまったくコンタクトできないじゃないですか。
長老　そう、コンタクトできないんです。

ハナムラ　でもそこにいることはわかっているんですよね。
長老　ああ、それは逆ですね。お釈迦さまは自分の心を成長させてみたんですね。そうすると物質から完璧に切り離して心だけで自由自在に動く次元が成り立つことがわかった。そのひとつの心がその世界のもうひとつの心とコンタクトすることが可能かどうかはおっしゃっていないんです。お釈迦さまは無色界の梵天と話したことは一切ないんですね。
ハナムラ　ああ、なるほど……。
長老　お釈迦さまは科学者だから、自分自身でそういう心のステージがあることを知っている。弟子たちにもやり方を教える。簡単に誰にでも教えるので、弟子たちもそういうステージに達する。三次元の世界でなくても、素粒子レベルでなんとか形があるならばある程度コンタクトはできる。だから色界の梵天とはしゃべったり、コンタクトできる。そこでは大体言語もいらないんだけどコミュニケーションできるんですね。でも無色界の生命とは何もできない。
ハナムラ　お釈迦さまもお話しされたという記録がないんですね……。だから自分も無色界禅定に入ったことからの推測でしかないんですね。
長老　まあ、そのステージがあるということは確かめられます。
ハナムラ　でも、そこに他の生命がいるかどうかはわからない話なんですね。
長老　それはわからない。それは推測です。
ハナムラ　自分もそのステージに行けた。他の弟子も行けた。みんな行けたから、きっとそこにあるだろうという推測ですね。

長老　うんうん、それは科学的なデータだからね。「私も経験しました」「たくさんの弟子たちも同じ経験をしている」、ですから科学的にデータはそろっているということですね。自分がこういう境地を体験したならば、あなたも人間だから、あなたも頑張ればその境地は体験できるでしょうと。宇宙と関係があるのは身体をもっている生命ですね。だから色界の梵天まで。宇宙がすべて破壊して、物質が存在しない状態になっちゃうとね、それは止まっている状態なんですね。止まっている状態はすごく時間が長い。エネルギーはあるんだけど、エネルギーにはなんの表現もできませんね。だからそこに生命が存在することは不可能ですね。
その止まっているときの全体的な認識エネルギーは、無色界と似た次元になるんだとね。まったく動かずに固定した物質エネルギーに入ってしまうか、物質からきれいに離れるかの二つに分かれてしまうんですよ。だからその宇宙が破壊されるときは、生命は瞑想しなくても、無色界に飛ばされます。そのときに心の向きが下向きつまり物質の方向に向いているならば、そちらに行っちゃうしね。それを極限の苦しみというんですけどね。

輪廻の仕組み

ハナムラ　仏教の理論を見ていると、どこにでも波動論、波の理論があるなと思うんですね。心のエネルギーも波であるとおっしゃっていましたが、アビダンマでは、心が辿る「心路[★63]」の説明にもそれがありますよね。物に触れるたびに心は一七のプロセスを辿って回転するという

長老　話です。まず「有分心《うぶんしん》」から始まって、その有分心が三つ回転して、「領受心《りょうじゅしん》」「推度心《すいどしん》」「確定心《ていしん》」がそれぞれひとつずつ回転して、そのあとに「速行心《そくぎょうしん》」という心が七回転してという……。この一七の心路のプロセスがあるのも、その一七刹那でひとつの波になっている。物質に依存して、心が働く場合は、一七刹那が必要ですね。For one unit of consciousness（意識の一ユニット）で心は一七ステージを踏んでいかなくてはいけない。
ハナムラ　そのなかで生まれるひとつの心だけだと三ステージになっていますよね？「生」と「住」と「滅」と。つまり心が生まれて、とどまって、消える。このユニットも一応、ひとつの波として考えていいのですか？
長老　そうそう、波です。
ハナムラ　心自体も「生」「住」「滅」の三つで波になっていて、その心の波の一ユニットが物質とつながると一七の波が生まれてくるという。つまり一七×三のカウントでいいということですね。
長老　そう、スピードは遅くなりますけどね。
ハナムラ　その波のなかに強弱のリズムがあって、速行心の七回転は、最初の一回は強い波だけどだんだん弱くなっていくということだったと思います。つまり波の性質には強弱の性質、つまり波の「振幅」があるという理解で良いという話ですよね。
長老　そうそう。
ハナムラ　それで興味深いのは、速行心の七回転がそれぞれカルマ（業）を生み出すということですが、そのカルマの生まれるタイミングが違うというアビダンマの理屈です。最初の速行心の回転が生み出すカルマは今世で結果が現れる。最後の速行心の回転は今世と来世のどちらかで業の結果が現れる。そしてその間の五つの回転の結果はどこで出るのかわからない。こういう理屈というのは、どこから出てきているのかというのが非常に興味深いと思っていて（笑）。
長老 まあ、アビダンマではなんとか頑張ってそういうふうに説明しますけどね。業にもそれなりに強弱があるからなんでしょうね。業をひとつの波でとってみると、波のスタートと終わりのところはそれほど強くない。でも途中のピークの部分はすごく強い。ですから、いつか影響を与えるということになる。
でも業の量が膨大で、生命の生死のサイクルはゆっくりですからね。たとえば人間で生まれてたら、死ぬまでほぼ一〇〇年くらいでしょう。だから無量の業のすべてが影響を与えることはできないんです。人間の次元で使える業は大量の業から一、二個くらいしか活動しない。
ハナムラ ほとんどの業はアホーシカルマ[★64]（ahosi-kamma）になるんですね。
長老 業が起動するチャンスを得られないんですね。悟ってしまえば、ほとんどカットアウトになるのですが、でも「悪いことをしても影響受けない」と思っているなら、そんなに甘くはないんです。だって煩悩があるだけで、生まれて死んで生まれて死んでと繰り返していくんだから、業には十分チャンスがありますよ。特に最近してしまった業のインパクトは強いでしょう。だ

★63——アビダンマで説かれる心の流れ方・認識の仕方で、瞬間瞬間で生まれて消える心が一七段階（領受心、推度心、確定心、速行心など）の状態を辿ると説明される。
★64——既有業と訳され、結果を生まない業のことを指す。

から仕方がないんです、やられちゃいます。
ハナムラ　死ぬ瞬間からその次に輪廻して生まれる際の法則で、たしか四つの業の働きが挙げられていたかと。最も影響が大きいのは六重罪[★65]を犯してしまうことで、死ぬ瞬間にその業に引っ張られる。もしそれを犯していなければ、次に引っ張られるのは、すぐ直近の行為や考えたことの業。それもなければ、その次は長い間繰り返してきたことや慣れ親しんだ業に引っ張られるという話でしたね。つまり、そう考えると輪廻のメカニズムも、結局は心のエネルギーが死ぬ瞬間にインパクトのあるものから順番に作用して次の転生先が決まるという理屈で整理できるのですね。
長老　そうそう。
ハナムラ　西洋の科学者のなかでもイアン・スティーヴンソンなんかが中心だと思うのですが、実際に輪廻研究をずっとヴァージニア大学なんかで調べてやっていますよね。インド、スリランカでの子供たちのインタビューを通じて、前世の記憶を語り出す子供たちに面談して聞いた事例を三〇〇〇とか集めてきて、検証したり分類したりしている。でも彼らの研究のなかでは、転生がどういう仕組みで作用するのかという理論的な説明はまったくなかったように思います。
長老　彼らは素直に正直に研究するんだけど、その説明はやっぱりできないでしょうね。たしかエドガー・ケイシーのような人も自分で催眠状態に入って、生まれ変わりとかいろんな話をするでしょ。でも、それは「我々が仏教で言う輪廻のことでしょ」という程度で終わっちゃうんです。なぜならば、輪廻というのはそんな冗談のような話ではないと我々は知っているんです（笑）。スティーヴンソンは大学の教授だから、しっかり科学的にやったんだけど、その場合は狭い条件なんですよ。「過去世で人間でいたこと」「そこで寿命を全うする前に何かの出来事でパッと死んでしまったこと」「できるだけ同じ文化環境で生まれ変わること」とかね。そういう条件が揃うと、前世のことを思い出せる。でも、もしその条件でないとどうしますかと。
たとえば、犬のなかにも立派な犬がいるんだから、ときどき「こいつは人間じゃなかったのかな」とか感じますよ。品格があるし、あれやこれやとチェックすると性格でわかるんですね。
ハナムラ　私も周りの犬で経験がありますね。しゃべれないけど、感じるんですね。
長老　そういう動物は邪魔をしたりすることもあるけど、ときどき用事で私が早く起きなくちゃいけないときがあったら、必ず起こしてくれるんですよ。そういう動物が私に懐いてきたのも何か関係あるからでしょうし。周りにいる動物たちはよく知っているんですね、言ってないのにとにかく起こすんですよ（笑）。
ハナムラ　賢いですね（笑）。
長老　おそらく過去世では人間でいたかもしれないけど、それは科学的にデータとれないでしょ。でもある人が若くしていきなり死んじゃって、またそこらへんのどこか近くで生まれたならば、言葉の問題はないし、文化的な問題もないし、それでペラペラしゃべることができます。それでスティーヴンソンも言ってますけど、なんでインドとかスリランカだけでそうした過去世の記憶を話す子がいるのかと。

★65――父殺し、母殺し、阿羅漢（悟った者）殺し、ブッダを傷つける、サンガ（僧団）分裂、決定邪見という仏教における六つの重罪を指す。

ヨーロッパでもそういう事例はたくさんあるでしょうけど、自分の文化で子供をみんな抑えちゃうんですね。くだらないこと言うなと。
スリランカの子供たちが「私にはもう一人お母さんがいるんだよ」と言っても、別に仏教だと当たり前ですからね、たくさんのお母さんがいることは(笑)。それでいくらか大きくなってくると、自分のいまのお母さんと前のお母さんの違うところが見えてきて、子供は遠慮しないでペラペラ言う。そうなってくると、周りもそれを調べたりしてね。だからそんな程度の輪廻というのは、いくらかデータはとれますけど、それで輪廻という宇宙的な法則を説明したことにはならないですね。ほんのわずかなケースだけでね。
ハナムラ　科学者は集めてきた個別のデータから、帰納的に調べているだけですからね。アビダンマで語られている一七心路の説明では、死ぬ瞬間の最後の「死心」が、次に誕生するときの「結生心」に変わって、それがその生を導く無意識である「有分心」になっていくという輪廻の心の仕組みを演繹的な理論でアプローチしていますよね。
長老　そこを発見することは人間には無理です。
ハナムラ　推測でしかない、おそらくそうなっているであろうということを受け入れるしかない。
長老　ものすごく訓練を受けたすごい科学者が、仏教の教えをとことん学んでみれば、重なるところが見つかるかもしれません。
逆に私たちはいたって簡単に科学者の言うことが理解できます。でも我々は科学を勉強していないから、ああだこうだ言う資格がないんですね。ときどき医学のことに私はいろいろ文句言うけど、資格がないと知っています。できるだけ一般人に興味のあるポイントしか言いませんよ。
ハナムラ　最近よく言うのは、「医者には病気を治すことはできません」と。我々の説法をお医者さんも聞いているんだけどね、それは反対できない。身体が治るか治らないかは身体の勝手でね。
長老　治ろうとするのをサポートすることはできる。
ハナムラ　そう、サポートはできる。ご飯食べることもサポートだからね。食べたご飯を消化するかしないか、エネルギーに変えるかどうかは身体の仕事で、我々の管轄外。だからそこも理解したほうが、法則がわかるでしょ。体力ない人が、体力のつく何かを食べて、早く消化して、早く元気になるぞと思っても、それは無理。身体は身体の法則で勝手にいくんですね。
長老　心が身体の物質を作っているのなら、心の状態をよくすると、身体は必要なものを必要なだけ吸収してくれるのは当然ですよね。
ハナムラ　まあ、でも俗世間の人間は美味しいものをいっぱい食べたいでしょ（笑）。そうなってくるとその法則では逆に働くんですね。ですから、もし心清らかだったら、それだけで食べる量を減らせます。あるいはほんのちょっと食べても全部エネルギーをとって、無駄遣いしないでいることができます。

霊と餓鬼について

ハナムラ　ちょっと別の角度から話したいのですが、文化によって輪廻の取り扱いが異なるというお話がありました。スリランカやインドでは当たり前に輪廻の話が言われているから、子供たちが前世の記憶を話し始めたとしても「そんなものだろう」として放っておく。ヨーロッパの場合はそうじゃなくて、そんな話を子供が言い始めると「言うな」と抑えつける。
それに対して、日本の場合は「霊」という概念があります。これも仏教的に言うとシンプルな話で、身体をもたない「餓鬼」に生まれ変わるということだと理解できるのかと。人間が最後に死ぬ時の心、つまり「死心」が次に生まれ変わる時の心である「結生心」にそのままなるとすれば、その時に人間ではなく身体をもたない餓鬼という生命体として生まれることがある。それを日本では霊だと呼んでいるという考え方だと思うのですが。
その一方でチベット密教などでは「中有《ちゅうう》」という考え方があります。つまり死んでから次の生命に生まれ変わるまでの間に四九日間の時間があって、そこにとどまるという概念ですね。でもブッダが説かれた教えのなかには、中有という考え方はないんだと。さきほどの転生の理論で言ったら、死んだらそのまま次の瞬間には別の心にかわって、その先の一生の間をつなぐ心になると。そこに隙間がないという話だと思うんですが、巷で言われる中有にいるとされる存在や、霊の話は概ね餓鬼であると理解していいのでしょうか。
長老　うーん難しいね……そういうのはね（笑）。日本でいう霊の話は、もし「本当のこと」を言っているなら餓鬼なんですね。でもやっぱり九九・九％は嘘で、妄想で、幻覚を言っているんですね。だから本当のこと言っているならば餓鬼なんですけど、餓鬼道が中有かというと、そうでもないんですね。これは文化的な理由で、説明するときに使う概念として出てくるんです。たとえば、人間がいきなりしっかりしたどこかに生まれ変わる時に、その前の死ぬ瞬間にそんなことは決定できないでしょう、何にしてもちょっと考えて、悩んで、じゃあここに生まれますということになるでしょうとね。そういうふうな考えで、中有というステージがあるんだ、とするんです。

大体ほとんど人間は自分が死ぬことを知っています。特に年寄りとかはね。もちろん死んでからどうなるのかはよくわからないけど、死ぬことはたしかですから。でもたとえば突然期待していない瞬間で死んでしまう場合とか、そういうときはしっかり次の道を選べなくなっちゃうんです。だから、「どこか」に生まれちゃうんですね。

だからしっかりしないそういうステージの存在を中有と言っているんでしょうね。でもアビダンマ理論や通常のブッダの教えから見れば、それも次の生まれだよと。そちらに生まれているんだよと。

ハナムラ なるほど、そうですね。

長老 長い旅行するときは、一日で戻れないから、途中でどこかホテルに泊まる。まだ旅が終わっていないので、それを「中有」だと呼ぶようなものです。それは中有じゃなくて、あなたは一日そちらで泊まっていたんでしょうと（笑）。それは言葉や概念だけの話で、そんなに議論するほど大きな問題じゃないんです。昔の学者たち、坊主たちはそんなものをとりあげて、はちゃめちゃ議論する。でもそんな話は説明する仕方によって変わるだけで、仏教世界でも各宗派が自分なりに説明する。
ハナムラ　中有というラベリングをしているだけということですね。そこで起こる現象は同じなのに。
長老　そうそう、同じスピードで生滅しているんだけど、あるステージにラベリングする。我々は餓鬼道だと、ラベリングする。でも餓鬼道なら普通は地獄の一部ですけど、その代わりに仏教の餓鬼道はすごく幅広い。神とほぼ同じような餓鬼もいます。
ハナムラ　ああ、なるほど。
長老　だからどこかに生まれたいとか、ここはダメとか、ここは一時的だとか、思っているような餓鬼もいます。ちょっとここに宿をとっただけというね。この中有というのはその餓鬼たちなんです。普通人間が感じる餓鬼というのは、場所に執着している人々なんです。
ハナムラ　「地縛霊」と言いますね、日本では。
長老　人間が怖がる必要なんて何もない。そんな影響与えることもできない。影響受けるかどうかは自分の弱さによってですね。私なら、餓鬼がいることを感じたら、「あーいるの、どうぞ勝手にしてください」という感じでね。別に問題ないんです。「あー嫌だ、雰囲気が悪い」と排他的な思考は作らない。こちらの影響でじわじわと向こうの命がどんどん上にあがっちゃうんです。そうなってくると、まあ大丈夫で、いるかいないかも関係なくなっちゃって、明るくなるんです。

ハナムラ　僕が長老のお話を初めてお聞きしたときに、長老が自分の家に餓鬼がいて、同居人が持って帰ってきたとおっしゃっていたのを覚えています。たしか、一階から二階にあがる途中の階段にいて、そいつらのなかを通っていかなくては二階に上がれないので悩ましいんだと（笑）。なかを通るとウイルスみたいに「わぁ」とまとわりついて、風邪ひくようにおかしくなるみたいなことがあるとおっしゃっていて、なるほどなと思いましたけど。
長老　まあ、そういう次元でそこにいたときもありますね。もともと別なところにいた存在なんですけど。だいたい私がいれば、できるだけ隠れようとするんですよ。でも本人の動くスピードは遅いので、身体を通って私はいかなくちゃいけない。あれはそんなにいい気持ちじゃないんですね……。でも一緒にいると向こうは次元が変わりますよ。変わって変わって、いまはまったく何もないんです。
ハナムラ　それはどこかに行ってしまったんですか？
長老　私はいろいろ回《え》向《こう》★66したりもしますから。特にその餓鬼に対してだけじゃなくて、一般的にみんなに回向します。清らかな作業を毎日やっているんだから、否応なしにそいつもその影響受けなくちゃならないでしょ。そうすると、もっと楽な次元に変わります。初めはそいつが「ものすごい」頑固だということだけはわかったんです。それでもゆっくりと性格を変えて変えて、助けてあげたんです。私と何の関係もないけどね（笑）。

★66――善い行為で得た自分の功徳を他の生命にも分け与えること。

ハナムラ　餓鬼道に落ちる場合、自分は死なないと思っている人ほど、餓鬼の波動につかまるということでしたね。つまり突然死んだりして、自分の死を予期したり、準備していなかった人たちが亡くなったときに、死なないと思ってそのまま逝っちゃったから何が起こったのかわからない。
長老　まあ餓鬼で生まれるのは、この世の中のことはこれだけがすべてで、永久的に変わらず今の環境が最高と思っている人々ですよ。だから家があっても、これから離れるんだよとか、家もつぶれていくんだよとか、そういう変わっていくことを知っている人は大丈夫ですよ。あまりにも物質に執着して、家族に執着している存在は死んでもまたそこでぴったし生まれちゃって、みじめに生きるんです。「俺の家」とか、「親からいただいた大事なものなので、これ守らなくちゃ」と、そのあたりで餓鬼になっているんです。でも何もできないし、家にいる人々は気にもしない。それで家の人がこの壁を壊して改装するでしょ。向こうはそれがすごく嫌なんです。人間にはそれがわからないから変えてしまう。
ハナムラ　餓鬼たちはどこに行くんですか、改装したとき。
長老　苦しむんです、すごく苦しむんです。
ハナムラ　同じ場所にはいるんですか？　自分の思い通りにはならないから苦しむだけで。
長老　場所が壊れたら……どうなるのかは知らない。立ち退きってなったら、立ち退きしなくちゃいけないし、どこに行くのかを知ったことはないんです（笑）。古い家を解体するでしょ、壊して新しい家を作る。新しい家には執着作れないんです。
ハナムラ　執着の対象がなくなりますものね。

長老　すごい苦労するでしょ、そういう生命は（笑）。だからやっぱり無執着のほうがかっこいいでしょ。
ハナムラ　たしかにね（笑）。

神々という人類

ハナムラ　さきほどのお話のなかで餓鬼にもいろいろといて、神にも近い餓鬼がいるとおっしゃっておられました。我々が輪廻する欲界の六道のなかでは阿修羅★67（asura）という存在がいるとされていますが、その存在も神ではないけど、神のようなものだという理解でいいのでしょうか。
長老　阿修羅はインド文化からのもので、経典にも出てきますけど、私は「野党」と「与党」の違いだと思いますよ。
ハナムラ　野党と与党ですか？
長老　野党と与党も同じ人間で政治家同士でしょ。でもなかなか一緒に行動はしない（笑）。あいつはこいつを倒すぞとかね。
ハナムラ　餓鬼同士のなかでも、あるんですね。
長老　餓鬼同士はそれはできないんだけど、阿修羅（asura）というのは、神とされる修羅★68（sura）と同

★67――六道の生命のひとつで、戦闘を好む古代インドの鬼のアスラが仏教に取り入れられたもの。

じ次元の生命です。
ハナムラ　修羅と阿修羅は同じ次元の生命なんですね。
長老　いるとするならばね。
ハナムラ　六道のなかでは阿修羅への言及があまりないんですよね。
長老　仏教の説明には入らないものなんです。ヒンドゥーの文化でしょうね。いたとしても、神と同じ次元で、同じ生命体なんです。なんで一部が修羅で一部が阿修羅かというと、政府で言えば野党も与党もいるんだからね、みんな議員さんです（笑）。
ハナムラ　阿修羅は怒りのエネルギーが強いので、怒りの不善心から生まれてきたのかなと僕は勝手に思っていました。
長老　それを言うと、「夜叉《やしゃ》」ですね。夜叉と言ったって、神と同じ次元ですよ。仏教の科学が文化と混ざっちゃうと難しいところがあるんですね。
ハナムラ　うーん、なるほど。
長老　人類学的に、インドやスリランカで「ヤシャ」という人間たちがいたんです。「ナーガ」[★69]という龍とか蛇と呼ばれる人間たちがいたんです。「神」という人間たちがいたんです。そちらの子孫は民族的にいまだにいるんです。人間だったら、それぞれ性質が違う人間ということだけでしょう（笑）。
ハナムラ　これまでにおっしゃっていたHuman Being（人類）だということですね。アヌンナキの話もそうですが、今の神々の話もそういう存在だと理解すればいいということですか。

長老
それとあわせても同じことですね。アヌンナキというあの連中は、「People of the sky」でしょ。だから神のように見えますね。ただの我々と同じ生命体ですけど、いろいろ能力や技術もあったしね。その連中が地球上いろんなところにいたんだから、しょうがないね（笑）。

そこが物語になってくると、次元の違う神がいるという話に変換されるしね。ですから物語、エピソードが人を間違った方向に向かわせる可能性が結構ありますね。宗教はエピソードで語るでしょ。だからストーリーの理解の仕方を学んだほうがいいんですね。

仏教では、ジャータカ物語★70という文化もありますからね。物語で教えを語っている。その場合は「解脱」は語れないんだけど、人間（social being）としてどう生きるべきかとか、いろんな性格の話とか、人生に出てくるトラブルをどうやって解決するかとか、理想的に生きるというのはどうするのかとか、そういう日常生活に必要なものはほとんどジャータカ物語に出てくるんですよ。五五〇とか五四七のストーリーがあるんだけど、一番目のストーリーは投資して大金持ちになるストーリーなんです。それはよくできていますよ。

初めはある王さまのアドバイザーをやっていたバラモン人が、宮殿に仕事に行くと、道路にネズミの死骸があったんですね。それを見ていろいろと星占いして、「賢い人ならば、このネズ

★68——阿修羅と同じ意味でも用いられるが、ここでは神（sura）の意味で用いられている。ちなみに阿修羅はsuraに否定形のaが付けられたもので非天とも言う。
★69——古代のインド神話に起源をもつ、龍神や蛇神を指す。
★70——ブッダが前世に菩薩として修行していたとき、生きとし生けるものを教え導いたエピソードを集めた物語。

ミの死骸を使って億万長者になれますよ」と言って仕事に行く。それを聞いた若者が実際にそれを使って億万長者になるという話です。

そこで言いたいことは「頭を賢く使え」と。自分にはたとえば一万円ある。それは投資できる。食べるためのお金はなんとかなります。それだったら一万円をどう投資して、億万長者になるのかはその人のプログラムでしょう。星占いとかそういうパートはどうでもいいし、最初の投資はネズミの死骸がいいのか、とかいうのもそこはストーリー。現実的な話としてじゃない。メッセージが大事なんです。

アートを使った価値の変換

ハナムラ 僕がここのところ研究していたのは「トランスケープ」といって、今見ている環境や対象物を違うアプローチで眺めたときに、価値が変わることについて考えてきました。
今のジャータカの話も、ネズミの死骸を汚いものとして見るのか、これを価値あるものとして見るのかということは、見る側のまなざしによって変わる。物自体は何も変わっていないけど、見方をデザインすれば価値が変わる。そういうクリエイティブな見方をどう作っていけるかをずっと考えてきたので、いまの話は僕の研究にも非常に近い話ですね。
長老 うんうん、自分のモノの見方を変えれば、ギャーギャーと文句を言う必要はないんです（笑）。
ハナムラ 僕のまなざしのデザインの考え方はブッダの教えに影響を受けています。あるディッティ（見

＝見解のこと）を外して、別の見方をもてば、それが価値を生むことがある。さらに言うと、そうした見方をすべて外したり、どれも単なる見方の違いにすぎないと理解することも、まなざしのデザインには含まれています。
長老　ハナムラ先生がおっしゃっているのはパースペクティブ（視点）ですね。だからそれは自由自在にね、まなざしには決まったまなざしはないんだから。
ハナムラ　この風景を「汚い」と見るか、「キレイ」と見るのか。対象物は変わらないけど、こっちのアプローチを変えることで変わってくる。そういうのは仏教の話に近いのかなと思っています。
長老　正見のまなざしとは、すべての見方は結局は単なる見解ですよという相対化から始まると。俗世ではなかなかそうした相対化したまなざしをいきなりはもてないけど、あるひとつの見方があって、また別の見方があって、さらにその両方のどちらでもない別の見方があると理解すれば、自分がこだわっている見方も単なるひとつの見方でしかないことに気付けると思うんですね。
ハナムラ　そのなかで、人は自分にとって一番良い見方を選べばね。選んでも新たな見方ができたら、そちらに引っ越してほしい。そうでないと、つぶれますね。
ところが人はひとつの見方でずっと見ていると、それに慣れてしまって、その見方がだんだん当たり前だと思うようになってしまう。自分がその見方をしていることすら忘れてしまうプロセスに入ると、新鮮さもなくなり、物事の見方が固定化するんですね。そうやって固定化したまなざしに対して、アートとかその他にもいろんな方法で刺激することで、別の見方を作るということをやっているんですね。
長老　うんうん。
ハナムラ　僕が以前やったプロジェクトに、入院患者のみなさんが八〇〇人くらいいる大きな病院で、空間アートの作品を作ってほしいと言われたことがあったんですね。こういう大きな病院には、中央に高さ五〇メートルぐらいの大きな縦穴の吹き抜け空間があるんですよ。この空間に面する窓辺からの眺めが入院病棟全体をつないでいる風景になっています。ここをずっと一日中観察していたのですが、誰も窓辺に立ってこの空間を見ている様子はありませんでした。それで看護師さんに話を聞いてみると、そこにあることが当たり前の風景なので、縦穴になっていることすら気付いていない人もいました。驚いたのは、空間に気付くと批判し始める声が聞こえてきたことです。なぜ病院のど真ん中にこんな無駄なスペースをおいておくのかと。ここに床を作ってベッドをおけば、もっと多くの患者さんに使ってもらうことができるのに、と不満を言い出すんですよね。
僕はその状況が面白いなと。誰もがこの場所を無意識に価値がない、意味がないと思い込んでいる。それで僕はこの大きな縦穴に空から大量のシャボン玉を降らせたんですね。
長老　なるほど。
ハナムラ　まず下から大量の霧をゆっくりと上げていって、その霧が晴れる頃にすごい数のシャボン玉が落ちてくる風景を作ったんですね（一六八頁参照）。一日三〇分間だけ、そういう風景が現れますが、その時にみんなが病室からこの窓辺に集まってきて、全員が空を眺めて指差しはじめました。

そこにやってきたのは、患者さんだけじゃなくて、看護師さんとかお医者さんとか、お見舞いの家族もいます。その誰もが霧とシャボン玉がやってくるこの三〇分間は、人として平等になります。こういう風景を前にして、誰が偉いとか、誰の立場が上だとか、男だとか女だとか、どんな職業をしていて、どんな民族の人であろうが、そんなことは関係なくなるのです。全員がこの時には「空を見上げるただの人」に変わるんですね。

こうした小児科病棟には余命が長くない子もいたそうで、ひょっとしたら最後にこの風景を見て逝く子もいるんだと思いました。人は最後の瞬間にどんな風景を見るべきなのかについて考えさせられました。

お医者さんがずらりと並んで、ぼぉっと空を見ている姿を見て思ったんですね。この時のお医者さんたちというのはお医者さんらしく見えないなと。普段のお医者さんは白衣を着て患者さんの前に立っています。それはお医者さんを演じている状況で、ある意味でストレスのある状況なのかもしれない。でも、この時はお医者さんを演じなくてもいいような状態なんですね。心のなかでは白衣を脱ぎ捨てて空をぼぉっと見ている。その様子を患者さんが見た時に、お医者さんと、ちょっと心の距離が近づくかもしれません。

人は本当に感動するものを見ているその瞬間は決して笑顔にはならないんです。ただシャボン玉を目で追いかけて、今その瞬間の出来事をただ観察しているだけ。その時の自我が外れた顔はすごく美しいと思うんです。

長老　そうね……。
ハナムラ　これは先ほどのジャータカの話とつながるのですが、みんなが価値がない、意味がないと思っていた場所だとしても、こうすれば価値が生まれるし、コミュニケーションが生まれる。そういう違うモノの見方を与えることが、ある意味でアーティストの役割でもあると思うんです。僕らがネガティブだと思うものも見方によってはポジティブになるかもしれないし、その逆もあるかもしれない。そういう物事の価値が相対的で、常に違う見方があるということがブッダの教えのなかにもあるように思います。
長老　私は手術のときに大阪の大学病院にいたんですね。そちらにもこんな空間がありましたよ。散歩しながら、そこを見つけて、じっと眺めてたんだけど、これをおもしろく使える方法がないかなと思っていたことを思い出したんです。
ハナムラ　この作品でもそうですが、僕はいつも「無常」の現象を表現したいと思っているんです。建築とか、プロダクトのデザインは固定したものなんですね。ランドスケープの場合は植物とか風とか水とか空気の動きが素材で、その無常の動きをどうデザインしていくのかとずっと考えてきたんですね。でもこのシャボン玉にしても、それがもし二四時間、三六五日ずっとそこにあったらどうなるでしょうか。きっと誰も見向きもしなくなるんです。
長老　そうするとおもしろくなくなっちゃう。
ハナムラ　そうです。人間は、ひとつのものをずっと見ていたら飽きるんですよね。そこに違う刺激が欲しくなると思うんです。でもその刺激も飽きて、次の刺激、次の刺激とずっと追い求めすぎると、いくら刺激があっても足りない。欲と刺激を掻き立てるだけでは問題なんですね。でもこうしたシャボン玉を見ることで、風とか空気の動きが感じられるようになれば、たとえば木の葉が舞っているのを見ても無常を感じることができる。だからアートや演出はそういうモノの見方を変えるためのひとつのトレーニングとして使わないと、こちらから刺激を与え続けないといけないことになる。そういう刺激を与え続けることだけしていても意味がないでしょう。
長老　そうそう（笑）。
ハナムラ　英語では「ドメスティケーション」、日本語では「馴化」というんですけど、そうやって人間は繰り返し触れるものに慣れすぎてしまって、モノの見方が固定化する、慣れてしまうんですね。それを「トランスケープ」（風景異化）するのが僕がしてきた研究なんですね。この研究をもうちょっと拡大したときに、生命の見方や自分の心の見方、無常の見方をトレーニングすることにつながる。そのことで人間はもっと寛容になれるし、優しくなれるし、執着しても意味がないことにたどり着けると思っています。そんなことを考えながら、この一〇年くらいは長老のもとでブッダの教えを学んでいたという経緯につながるんです。

ハナムラによる病院でのインスタレーション「霧はれて光きたる春」

対談❹

時間と心

我々とはどういう存在か?

時間は存在しない

ハナムラ　「時間」というトピックについて改めてお伺いしたいと思っているんですね。カルロ・ロヴェッリというイタリアの物理学者の『時間は存在しない』（冨永星訳、ＮＨＫ出版、二〇一九年）という本が出版されました。仏教にもインスパイアされた人で、物理学的にも過去という時間も、未来という時間も存在せず、いましか存在しないと述べています。身体と違って心にとっては過去のことであっても、思い出した途端に「いま」となるので、遠い過去の記憶でも、それを思い出すのは現在だと仏教でも説明されていたと思います。時間とは時計の針が刻む時間ではなくて、現象の変化だと思うのですが、止まった位置からでないと変化はカウントできない。だから自分が止まらず変化していることをずっと観察して生きていると、常に「いま」しか存在しないことになる。そこに時間という概念がなくなる。
別の角度から見ても、物理的な時間はすべて現在に起こっているとも言えます。たとえばいまこの地球上で空を見上げると無数の星の光が同時に見えていますが、本当はそれぞれの星までの距離は異なります。実際はバラバラの時間に各恒星から発せられた光なのに、地上からはそれが同時に見えている。ある光は三万年かけて地球に到達しますし、一〇〇万年前に光ったものが今ようやく地球に到達する場合もあります。太陽から発せられた光だったら八分前の光です。そうしたさまざまな過去の光が同時に「いま」この地球上に届いて見えているという時間感だと思うんですね。そうすると、この「いま」という一点においてさまざまな時間が存在しているとも言える。

長老　私の考えでは、時間は物事の変化を計算することですから、そういう時間は成り立ちますよ。時間は相対的なんですね。現象があって、その現象が変化する。それが時間ということになる。だから地球に住んでいる人々には一日はこれくらいでも、もっとでっかい惑星に住んで、軌道がもっとでっかい場合だと変わりますね。その惑星の自転のスピンがスローだったとしても、一日にかかる時間はそこに住む人々にとっては一日でしょうし。その惑星がめぐる太陽の周りを一回りする時間は一年でしょうしね。その惑星でも一日とか一年だといっても、地球の時計を使ってみると、たとえば二回も回っていることになる。だから時間はただの相対的な考えでしょうね。地球の時間では二日間かけて一回転する惑星があるとするならば、そこに住む人々のライフスタイルはそれに合わせているんです。私たちが三〇分で朝ごはんを食べるなら、その星の人々もそちらの時間の三〇分で朝ごはんを食べる。

そこでもし、我々が瞬間移動でもなんでもいいんだけど、そこに住むことになっちゃうと、我々の身体も心も、そこでのサイクルにじわじわと都合を合わせてしまいます。

いろんな時間について数字で書かれているのは、お釈迦さまよりもアビダンマの世界ですね。いま思い出せないけど、たとえば天界では人間の一〇〇年は一日であるとか。三〇〇日が一ヶ月で、それが一二ヶ月で一年であるとかね。天人もその寿命で一〇〇年、二〇〇年間生活しますよとか。だから天界の生命が一〇〇歳になりましたというんだけど、人間から見ればもうね……。逆に人間のことを神々が見たら、人間は一日とか短い時間で死ぬ感じなんですね。

ハナムラ　なるほど、一瞬で死んじゃうっていうね（笑）。
長老　だから虫みたいでね。生まれたと思ったら死んでるんですね。だから私はある子供に言ったんです。人間が神さまにお祈りしても、それを聞いてあげることができないんだと。「お願いします」って言って、神々がお願いに気付いて「じゃあやってあげる」と言ったときには、その人はもう死んでいるんですね。逆に計算してみると、神にお願いする人々はたった一〇〇年で死んじゃいますが、ずっとギャーギャー言っているでしょう。そしてまた次の人間が現れて、またギャーギャー言っているんだから、神からすると超うるさい。だから雑音としてしか受け取れない（笑）。これは冗談で作ったストーリーですけど。時間というのはそういうもので、現象の変化を計算するだけでね。それで科学の世界では何かしっかりしたある程度の基準がないのかと考えて、いまの秒を計算するのは何かの原子の……。
ハナムラ　セシウムでしたかね。セシウムの原子振動する時間が秒の単位になっていたように思います。
長老　そうでしょ。その原子が無常だから、バイブレーションしているんですね。それを数えてね。あれはものすごい速いんだけど。だから原子時計だったら、一秒の一〇〇分の一も一〇〇〇分の一も計算できる。我々の時計ではできません。ですから、その原子はそれで一定に変化するんだけど、地球の回転はそんなにまじめじゃないからね（笑）。セシウムとは別の原子をとって計算すると、また別の時間になる。だからとにかく何か変化する現象が必要なんです。
ハナムラ　カウントする基準ということですね。
長老　そうすると過去という時間は頭で作ったものだから、過去や未来という時間はあり得ないでしょうね。頭の観念以外なんでもないんです。ですから、過去のことを考えるといっても、人間の記憶能力に合わせて、何かを思い出すだけでね。これはCDを回すような感じでしょうね。CDのなかには音楽はないんです。CDを機械に入れて回すと、赤外線に反射して、そちらに振動が生まれるんですね。それが電子機器を通して音になるだけです。そのCDに音を記録したのは一〇年前かもしれませんが、一〇年前のその人の音を「いま」聞いているんですね。

そういうことで、時間というのは物質、現象に合わせて、人々は時間を計算しているんですね。一番速いものは光子の動きになっていて、もしかすると物理学的にはそちらに合っている可能性もあるしね……。光子はどこでも決まってそのスピードで動くのかというのもよくわからないよ。あれも引力にやられちゃいますからね。

ハナムラ　曲がりますからね。

長老　うん曲がりますし。そうするとスピードは一定じゃないね。たとえば、遠いところから恒星の光がくると、宇宙にはいろんなものがあるんだから、ブレーキをかけられてしまう。それは新幹線と同じで、一定のスピードじゃない（笑）。

だから二〇光年前の光といっても、それもしっかりわからないよ。計算しても、相当ノイズが入っているし、人間が使っている機械のノイズも入っているしね。そういうふうにアバウトでね。宇宙のことはすべてアバウトで。でも人間にも過去は見ることができますよ。二万光年の星を見ると、それは二万年前の出来事でしょ。今それはないかもしれませんしね。時々、今はもうないパルサー★71とか見えたりしますからね。

ハナムラ　そうですね。
長老　ま、それは物理世界でね。心については、物理的な対象にできるものはないんですね。比較するためのものはないんですね。だから心についての「時間」は言えないんです。

サブリミナルと暗示と洗脳

長老　心の時間の寿命は仏教では瞬間というんですね。
ハナムラ　「刹那★72」ですよね。
長老　刹那は仏教で二種類あるんです。「物質的な刹那」と「心の刹那」。心の刹那のほうは「チッタッカナ」とパーリ語ではっきりと言いますね。
ハナムラ　心の速度は物質の一七倍という、あの話ですね。
長老　そうですね。物質の刹那は、心から見るとゆっくりですね。だから一七のプロセスが成り立つんですね。それはそれで大体アバウトに言っていてぴったり正しくはないんだけど。たとえばひとつの認識ユニットが生まれるために、一七プロセスかかると言っても、修行する人の訓練によって一七よりも少なく認識することもできる。「速行心★73」は一般人には七つくらい起こるでしょ。お釈迦さまの場合はそれを三つか四つで十分だと。だから恐ろしいスピードで認識することができるんですね。速行心というのは認識を決定してから、後の状況なんですね。
ハナムラ　映像でもサブリミナル効果というのがあるじゃないですか。たとえば映画のフィルムの二四コマのなかで一コマだけ何かの商品、たとえば何かドリンクの商品なんかを入れると、自分が意識していなくても、それが無意識として刷り込まれていて、後でそのドリンクが飲みたくなるとか。あのサブリミナルは速行心のプロセスで起こっているんじゃないかと思うんですが。
長老 ああ、それはね、やっぱり私たちは集中力がないでしょ。頭がバラバラに働いていて、見たり、聞いたり、首を振ったりといろんなことをやってますね。そこでそうした仕事を変えるたびに、「スペース」が現れるんですね。時間をすごくロスしているんです。その隙間にそういうメッセージが入るんです。いたって簡単です。
機械でなくても、普通にでもできますよ。私にもできます。しゃべりながら、別のメッセージをサブリミナルに差し込むことは、この猫（対談場所にいる）に対してもできるんです。そういうのはそんなに珍しいことじゃないんです（笑）。
ハナムラ それは催眠術に近いものですか？
長老 それはまた別ですね。サブリミナルというのは、日常茶飯事でみんな使っているでしょ。言ってることと、また同時にもうひとつ調整するんですね。ときどき母親が子供に「お前ってどうしようもない子だな」と言って怒っているんだけど、その子供はわざわざ母親のところに来て身体を寄せて甘えるんですね。あれは話を聞いていないんですね。そうやって子供を叱ってい

★71——一定の周期で発せられる可視光線や電波、X線などを発生する天体を指し、超新星爆発の後に残った中性子星とも言われる。
★72——仏教的な時間単位で極めて短い瞬間のことを指す。
★73——心が物質を認識する時に起こる一七のプロセス（心路）のなかで、確定した刺激に対して走る感情や妄想の心を指す。

るときの母親のサブリミナルメッセージを読んでいるんです。それは言葉よりも先に反応する。日常茶飯事にやっていることでしょ。
ハナムラ なるほど、それはサブメッセージという意味ですね。
長老 あれは同時にやらないと。信号二つを同時に発信しないとね。
ハナムラ 潜在意識への暗示とはちょっと違うものということですね。
長老 それはやってはいけないことだからね。その方法は知ってますよ。人の心はいたって簡単にコントロール、管理できるからね。我々のなかにはもう奴隷システムのモジュールが入っているので、そのスイッチをオンにするのはたいしたことないのです。それにはマインドコントロールもあるし、洗脳もある。でもそれは仏教的に悪業ですよ。我々は逆に奴隷システムを改良しようとしているんだから。
ハナムラ ナチュラルなマインドコントロールの場合に使うのは、「欲」と「怒り」なんですね。欲を掻き立てると、その人は思うツボになる。あるいは脅したりする。その人がすごい怖いと思うことは、怒りでしょ。たとえば、警察とか権力者たちはそれを使うんですね。
長老 なるほど、人に埋め込まれた奴隷モジュールが刺激される。だからやっぱり、かかる側にも問題があるんですね。奴隷モジュールが入っていても、それをオンにされなければ、かからないと。
ハナムラ 通常はオンになるようになっているんです（笑）。この信号にオン、この信号にオフというふうにモジュールができているんです。だから自己コントロールができないんです。我々自身が特別にヴァージョンアップしなければいけない。我々の生きるアルゴリズムを自分で改良しなくちゃいけないんです。世界はやってくれない。世界がすることは、どんなふうに言えばオンになるか、どんなふうに言えばオフになるのか、それだけ。それも、それほど知り尽くしていないんだから、結構失敗するね。
ハナムラ ヒプノシス（催眠術）はどうですか？
長老 ヒプノシスは別に医学でも使うことだから、それはそんなに危険は与えませんね。ヒプノシスはそんなに何でもコントロールできるわけではないしね。あれはあんまり信頼できるものではないんです。マインドコントロールは、日常茶飯事で起きているしね。宗教はその段階も飛ばして、ブレインウォッシュしようとしてますね。頭のなかを全部入れ替えて、バグが入っていない奴隷プログラムをインストールする。結局は、全部奴隷プログラムのさまざまなヴァージョンだから。
仏教は人にそんな影響を与えませんし、マインドコントロールもしない。我々は別の単語を使うんですね。「アドバイス」してくださいと。それも慈悲にもとづいて、人々にアドバイスしてくださいと。いわゆるデータを提案する。データの処理は相手の自由でする。だからお釈迦さまも「嘘をついてはいかん」とは言っていないんだからね。「まあ嘘をつかないほうが結果がいいよ。嘘をついたら悪い結果になりますよ」とそれだけ。それで終わり。データをあげて、やるかやらないかは、その人の自由。だから最初から、奴隷モジュールを刺激しないんです。
ハナムラ 「これをすればこうなります」「これをしなければ、こうなります」という、因果関係しか伝えていない。
長老　うん、それでストップ。
ハナムラ　こうしなさいというと、奴隷モジュールを使うことになるので、それを使わないということですね。
長老　だから私はそれにさらにプログラムを補足してあげる。選ぶのはあなたの自由で、何を選んでも私には関係ないとね。

戒律は奴隷システムではない

ハナムラ　お釈迦さまが戒律を作られたのは五五歳のときだったと思うんですが、それまでは戒律なんかなくても、みんな理性的にうまくやれていたのですよね。
長老　戒律なんか何もなかった。戒律があるのは出家社会だけなんです。それを、みんな勘違いしてます。在家社会には戒律を認定していないんです。出家と言えるのは、お釈迦さまの組織に入っているでしょ。あるクラブのメンバーになっていることになる。ブッダクラブのメンバーたちだから、いろんなコンディションズ（条件）を受け入れて、守りますよとね。そのメンバーにしか戒律はないんです。
そういうサンガ（僧侶）クラブに入ってなくても、人間は自分で自分を奴隷にしてしまっているしね。そういう人たちもお釈迦さまの話を聞いて自分の奴隷システムを自分で解除することができたんですね。

最初に出家者が現れたときには、みんな単独でしたからね。最初に現れた六〇人の阿羅漢たちは、おもしろいことにみんな元気な若者なんです。ブッダも三五歳でしたけどね。「悟った人は、各地へ行って頑張って教えを伝えてください」と伝えたんですが、みんな阿羅漢だけど何をどうやればいいか、誰も聞いていないんです。お釈迦さまは仲間としてね、「あなたがたは自分の好きな道を歩んで、一人ひとりで頑張ってください」と。そこで「二人で行くなよ」と気を付けているんです。

一人で行かせたのは、教えをたくさん拡げたいからだと解説する人もいるんだけどね。二人ずつだと三〇グループになっちゃうけど、一人だと六〇のルートを行けるから、そうしたのでしょうと。でも二人で行っちゃうと、この二人がグループになる。そこで二人がどうしゃべればいいか、と話し合うことになるんですね（笑）。それはちょっとね……。

一人で行って、一人が説法するなら、こうした戒律システムも改良することがおそらくできたと思いますね。そこでどんどん人数が増えていって、どうしてもサンガクラブが現れちゃったんですね。

それでもサンガクラブはしっかりと、みんなで解脱を目指して、誰でも奴隷プログラムを改良しようと頑張っているので、道徳なんかは本来問題にならないんですよ。誰も道徳は犯しません。みんながグループとして、人間として、生命として、仲良く生きていかなくちゃいけないので、そこで何をやればいいか、何をすれば悪いかは自然法則で現れてくるしね。道徳というのは、そんなもんでしょう。そんなに大袈裟なことではない。
しかし解脱する目的が薄くなっちゃって、サンガクラブがすごくかっこよく活動しているから、「俺もそちらに入るぞ」という感じになるとね……。学校の場合でも、そこが有名だから入る生徒たちたくさんいるでしょ。
ハナムラ　そうですね、そういう部分がありますね。
長老　すごい能力があって、ただ試験を受けて有名な学校に合格するのは、別に本人にとっては当たり前。そういう人の場合は学校の名前を自分のバッジとしてあまり使わない。その代わりにまじめに勉強する。東大に入る人々のなかには東大卒ということを、パスに使っているような人もいるでしょ。人間ってそんなもんですよ。普通の大学を卒業して、現在日本でバリバリ活動している人にも、すごい能力ある人はいますよ。問題は能力にあるんですね。
ハナムラ　能力とバッジ、結果と原因が反転していますよね。
長老　とにかく、俺もサンガの一員だと言いたくて入った連中が、ちょっと約束を破っちゃう。だから戒律を設定することになったんです。
正しい生き方というのは、物事をどんどん理解していくと、オート（自動）で生まれてくるんです。だからモラリティ、道徳というのは時間的に変化するものでもないし、時間的に変化するものはそんなに大したことない。昔、髪の毛を金髪にすると、大変なことになったでしょうけど、今は気にもしない。
学校とかはいろいろ髪型に決まりがあるけど、私はそれもないほうがいいと思いますよ。大学

ハナムラ　みたいに勝手にしろよと、管轄外だと言ったほうが、学校はいいと思いますけどね。でも奴隷である教師たちは、バラバラな人間をコントロールできないんです。だからひとつの形に、ひとつの服装に、ひとつの髪型に統一してもらうんです。それはしっかり奴隷システムです。
ナポレオンが、「人はその制服通りの人間になる」と言っています。つまりユニフォームを着たら、ユニフォーム通りの人になる。軍人も、軍服を着ると軍人になる。病院でのアート作品でお話ししたお医者さんも白衣を着たら、お医者さんという役割に縛られたシステムのなかに入ってしまう。服装とか外見という形式で縛って逆にそのなかに閉じ込めようとするんですね。
長老　そう、閉じ込めてしまう。これって、もともと奴隷のモジュールができていますからね。
ハナムラ　本当のモラルは時代に依らず、変わらないものだと思うんですが、表面上のルールは時代によって変わっていく。
長老　毎日変わっていくし、そんなにそれにこだわる必要がないし。
ハナムラ　今の時代は、インターネットみたいな新しいテクノロジーが出てきたり、それに合わせた新しいライフスタイルになっていくなかで、難しい問題も出てきます。何か理由や必然性があってルールができたのに、それをずっと守っているうちに、守ることが目的になってしまう。それと同じように、自由や便利さを得るためにあるシステムが生まれたのに、ずっとそのシステムを使っていると、今度はそのシステムがないと自分や生活が支えられなくなって不自由になってしまう。ルールやシステムが我々の奴隷システムをオンにしてしまう。そのわかりやすい形がスマートフォンやＳＮＳで、これもある意味で、奴隷システムだと思うんです。

長老　とにかくこういうことですね。何か考えて新しいものを作っても、結局は奴隷システムに染めてしまいますと（笑）。たとえば、ＳＮＳというのも、もともとは「自分が自由に発言できるように、自由な世界を作りましょう」ということで作られたはずですよね。そこには政府の束縛もなく、規制やマスコミシステムの管理もなく、一人ひとりが自由になる世界だと。でも結局奴隷システムになってしまったんです。まぁ、しょうがない、これはね（笑）。
ハナムラ　人間の根本に奴隷システムがあるから、そこから逃れようと新しいものを作っても……。
長老　それが次の奴隷システム。
ハナムラ　必ずまた別の奴隷システムに回収されていく。
長老　簡単にそうなってしまうんですね。何人かで「自由に生きましょう」というクラブを作っても、せいぜい一年、二年目になるとその自由のクラブのしきたり、習慣、規則を守らなくちゃいけないことになるんですね（笑）。
ハナムラ　そうですね（笑）。我々は本当の自由を知らないんですよ。不自由しか知らなくて、その不自由から逃れて、また別の不自由になって、またそこから逃れて……。ずっと不自由。
長老　そうそう。だから「日本酒飲むなよ」と言ったら、「じゃあブランデーにしますよ」というような話です（笑）。
ハナムラ　「飲まない」という自由は知らないんですね。バカなシステムですけど、そこから逃れられないんですよ。
長老　「あなたの身体に悪いからコーヒーやめてください」と言ったら、「わかった紅茶にします」と。

それでしょ、人間というのは（笑）。
ハナムラ　ほんとに（笑）。

過去世を見る方法

長老　時間の話にまた戻ってみますけどね。心の時間を直接カウントする場合は何かの対象物となる基準がないので、時間は成り立たないんですね。心と物質を比較すると、心の変化はすごく速いので、物質は遅いということになる。とにかく物質では時間を計算するのは素粒子の波長でしょ。存在はバイブレーション（振動）だから、結局はすべての存在は電磁波だからね。その電磁波にもいろんな波長があって、いろんな周波数がありますが、それは一秒に何回も変化するんですね。三・五メガヘルツというと恐ろしいでしょ、これ一秒で動く数なんですからね。だから瞬間というのは、冗談じゃないくらい速いんです。

物理の瞬間は電磁波でいえば、ひとつの波長の時間を数える。それをもし四〇メガといっちゃうと相当な速さで変化する。それは我々にとっては、音や色や、他の何かで感じるものです。あるいはX線のように、何も感じることができなくても、細胞を通っていくと、細胞が壊れてしまう羽目になる。それはそれで波長です。でも心の波長は、物質を数える時の一単位よりも速いんですからね。だから秒単位で数えられない。

普通に人間が頭で考えるナノ秒を感じてみると、なんとか心のスピードも考えられるかも。心はナノ秒よりも、もうちょっと遅いと思いますけどね。ナノ秒というのは一秒の……。

ハナムラ マイナス九乗です。

長老 相当短いんですね。存在しないくらい短い。だからこのナノ秒というのは、ただ計算のなかで作る概念で、実際体験しようとすると難しいね。

それで、どうやって過去を思い出すのかということなんですね。過去は思い出せますけど、将来は不可能です。まだ起こってないんだから、あり得ない。将来については推測です。法則がわかる人には推測できる。たとえば、将来に太陽が消えるというように。でも、それは経験したわけではないんです。「何年くらいでしょうか」と聞いたら、一秒間に太陽はどれくらいエネルギーを燃やすのか、太陽のいまの重さはいくらかと計算して、それで将来消えるまでに、たとえば一〇〇万年かかるだろうと言う。

しかしぴったりと一〇〇万年で爆発するわけではないんです。それはわからない。爆発より先にぐちゃぐちゃに潰れる可能性もある。あるいは激しい運動はなく、ゆっくりと燃えて、だんだん消えていってヘリウム体になってしまう可能性もある。

だから爆発するかしないかはよくわからない。法則を知っていると計算できるけど、必ずしも計算通りになるという保証はない。大体合っているということでね。だから将来はちょっと放っておくしかないんですね。

三次元の形にしなきゃ人間は物事を理解できないので喩えると、私はこの心というのはおそらくスパイラルな形でずっと動いているんじゃないかと。眼《げん》耳《に》鼻《び》舌《ぜつ》身《しん》でいろいろ認識するでしょ。

それはものすごい速さで、ものすごく短い隙間のスパイラルだから、「棒」みたいなものになっちゃうんですね。仮に物理的に一本の棒みたいに、ヴァーティカル（垂直）に心が働くとしましょう。下はもう過去だから消えている。しかし棒の現在の状況から、以前はこうで、その前はこうだったと推測することはできますね。それは本当に起きた出来事だから、そのままはっきりと知ることはできます。

でも将来はそれでも不可能。将来の心はこうなりましたとなっても、将来その人は心を育てて解脱に達する可能性もあるし、五悪を犯して地獄に行く可能性もある。それはわからないね。人が重悪を犯すかどうかは、それは環境によって決まるものだからね。今はすごく輝いた清らかな心ですよと。しかし心が環境に依存しているならば、次はわからない。

ハナムラ　なるほど。

長老　仏教の経典を見ると、いろんな過去世へと遡って体験する話があるでしょ。それはもうただ面白いストーリーという程度にしてもいいんです。なぜならば我々には経験がないでしょうからね。でも心はずっと変化して流れているから、瞑想して過去を見ることができるんです。でも物質から離れなきゃいけないから身体と心の関係をカットする必要は当然ある。

瞑想で修行者の心が物質への依存がなく自由になっていったところで、心の流れる向きを「下」に入れるんです。心はずっと同じスピードで流れていくのですが、向きが下になったから、経験するものはすべて過去なんです。それは起きた出来事だから変わらない。だから目の前で起きた出来事のように、過去を経験することができます。匂いも味も言えます。能力によっては、一光年でも二光年でもずっと過去を遡って見ることができます。ひとつの命にかかる時間は瞬間だけど、バイパスして行けない。だから順番で行くんです。
ハナムラ　そうかそうか。順番に遡ってね……。
長老　だからそれなりに超スピードで見る速度を進めることも必要だし、あるいはお釈迦さまがするのはインデックス（索引）をとって、それに適した過去にスッと超スピードで行く。だからお釈迦さまが説法するときでも、ある人が何かトラブルをもっていて、その理由が現在には見当たらない場合、その人の心からアイデンティティインデックスをとるんですね。それをもって、ザッと過去に行く。相手の心の過去にも行ける。行って見たら、もう遠い遠い昔にこういう状況で、こんな生命でいて、こういうことをやったんだから、その結果として今こうなっているんだよと言いますね。
ハナムラ　なるほど……。
長老　それは一般的な人間が考えてはいけない世界でね。どうやってインデックスするのかはちらちらとテキストにあるだけでね、具体的にこうやります、ということはあんまりないんです。インデックスの機能を一応我々は学んでいるから、人の性格を見ると、なんとなく推測しますね。あなたこうじゃないかなとか、過去世でこうだったとかね。でも言ってはいけないし、言わないけど、わかります。それは超越した能力というのではないんです。ブッダに教えられたインデックスのシステムを使って、そこでこの人にどちらが適合するのかと見るだけ。
ハナムラ　ふーむ……。

長老　まあ、時間は別に存在しないということにするのは一向にかまわないですね。

滅尽定とエメラルドタブレット

長老　それから、みんな無常だとよく言うでしょ。無常は真理で、輪廻転生もあって、これも限りなく輪廻転生するとかね。だから涅槃★74に入ったら不死なる境地になるとか。でもそう言ったとたん、物理的・三次元的に思考するから変になっちゃうんですね。もともと時間がないならば、涅槃に達した人の気持ちはそんなに不思議じゃないんです。
だから私はこの永遠不滅の天界という西洋的な思考のことを、たまにからかうことがありますよ。天界に身体をもって生まれるというのを彼らがイメージするのは、俗世間のすべての欲がファイブスターヴァージョン（五つ星）で向こうで得られると。この世で困ることは、「疲れる」ことと「年をとる」ことなんですね。それはなくて、永遠に楽しめますよと。だから永遠という単語がひっかかる。永遠というのは物事が変化しないということでしょ。まるっきり変化しない世界は、あなたも変化しないでしょ。だから石がひとつ現れているような感じで、そこにいるしかないんです。
ハナムラ　「滅尽定」の状態というのはそれに近いのですか？

★74――仏教においては、煩悩を滅して悟りを得た状態。

長老　それは違いますね。滅尽定というのは具体的な心理状態に達することです。滅尽定の世界は、この世界で語れない、それだけ。
ハナムラ　なるほど。
長老　でもあれもね、なんか現代では、みんな疑って「嘘だろう」と思う境地でしょ。基本的に仏教の注釈書では人間が滅尽定に入れるのは「一週間」だと言っていますけど、一週間というのはギリギリの長さなんですね。
ハナムラ　最長で一週間ということでしたね。
長老　うん。短い時間はできる。すごい能力があるならば、一週間でもできる。でも八日間はできない。滅尽定をやる前に、まず物体（肉体）の能力をチェックしなくちゃいけない。その物体に、変化しながらどれくらいの時間、そのシステムが働くことができるのかと。いわゆる使用期限（笑）。そんな感じで身体の能力をチェックする。それから、外からいろんなものが当たったりして、何かが起こる可能性がありますね。それは「業」の管轄。
ハナムラ　ああ、なるほど……。
長老　ある阿羅漢が滅尽定に入っていると地震が起きたりしてね。そこは地割れする場所で、パッと割れると落ちちゃうでしょ。そのあと地割れがつながったら、埋まったまんまになりますからね。
だから自分の身体で起こるものではなく、外からいろいろと出てくる出来事もチェックしなくちゃいけない。それは業の管轄で、業によって何かトラブルが起こる可能性がある。

ハナムラ　妨害業とか殺害業が入るということですか？
長老　まあ、アビダンマで言うそこまでいかなくても、ただ、何かやばいことでも起こりえるかと。それでチェックすると、やっぱり三日目で地震が起こるんだとわかりますと。もしそういうこともなく、ＯＫとなると、そこで禅定に入るんです。
禅定に入ったら、コンタクトは一切なし。カット。携帯の電源オフ。それで心のファンクションをすべて停止させる。命としては、もうストップ。しかし物体はまだ動いている。たとえば我々の心臓を取り出すでしょ、取ったとたん死ぬわけではなく、少し冷やしておけば八時間くらい、あるいは移植手術に間にあうようにできるでしょう。人間の身体にも植物的に生き続けるセクションがありますからね。そのセクションはせいぜい七日ですね。それで七日に決めているんです。
ハナムラ　んー、なるほどね。
長老　しかしアビダンマや注釈書でね、滅尽定に入った修行者は燃やしても、燃えないとか、どんな危害も与えることはできないとか言ってますけどね。それはお釈迦さまが言っていないんだから、私は解説はしたくないんです。注釈書は宗教の世界だからちょこちょこと大袈裟に言う場合、いくらでもありますね（笑）。
ハナムラ　なるほど、そこでＰＲするんですね。
長老　そこはもう省いて、我々は学ばなくちゃいけない。仏教ではストーリーがあるんですよ。あるお坊さんが墓地みたいな空き地で禅定に入っている。夜になってそこに泥棒のグループが来て、盗んだ品物をいろいろもってきて「分けましょう」とやりだす。それで、ここになんか切り株みたいなものがあるんだから、物をボンボンとおいておいて、それからみんなで分けるんですね。
そうこうやっている間に、朝になって見たら、切り株と思ったのは人間なんですね。「やばい、この人は全部見ていただろう」と。もし誰かに話されると捕まえられて、みんな殺されてしまいますからね。じゃあ、仕方がないと薪をもってきて、そのお坊さんを燃やして行っちゃったんです。
でも、そのお坊さんは全然そのままそこにいて、七日目になったら目が覚めて、立って出ていった。衣の灰をパッパッと払って、何も影響は受けてないんだと。そのストーリーが本当ならば、薪をたくさん入れて、燃えないということはあり得るのかと。炎に鉄を入れても変化するでしょ。温かくなって、曲がったり、一部融けたりとか。石だって、融けるほどの温度はないんだけど、ひび割れくらいはね。人間の細胞なのにそれもないというならば、どう説明するのかと。おそらく、エジプトでトットという人が……。
ハナムラ　ああ、トート神[★75]ですね。
長老　そう、トート。あいつは自分の哲学を何かのタブレットに書いたというでしょ。なんだかよくわからないけど、文章を読んでみるとそのタブレットは錬金術で、遺伝子の回転をストップさせているんだと。
ハナムラ　[★76]エメラルドタブレットかな？

長老　うん、エメラルドタブレットですね。
ハナムラ　ヘルメス★77が書いたとされる石板ですね。
長老　現物はいまないみたいね。
ハナムラ　ないと言われていますね。たしか一二枚あったけど、いまは失われてしまったとか……。
長老　それを読んでみたら、すごい賢いことも言うし、「本当かい」といういい加減なことも書いているんですね（笑）。トートはいまだにいるみたいですね、その信仰によると。
ハナムラ　知恵の神さまと言われていますね。
長老　それは人間が知恵の神さまと言っているけど、話ではアトランティスの人なんですね。地球ではアトランティスという島は、全部洪水でなくなっちゃったんだからね。その時にトートが一人だけ逃げのびたと。それで逃げたアフリカで人々を抑えて、勝手に王になりあがってね。しかしそれは悪くないと。すごい知恵があるし、すごい能力あるし、すごいテクノロジーあるしね。そこからピラミッド造ったりいろんなことやったんですね。これって紀元前六〇〇〇年とか、気が狂うほど古いんですからね……。
ハナムラ　一応、そう書かれてますよね。

★75——古代エジプトの神話で知恵を司る神とされる。人間の身体にトキやヒヒの頭をもつ姿で描かれる。
★76——トート神の生まれ変わりであるギリシャのヘルメス神が刻んだとされるエメラルドの板で、一二世紀以降のヨーロッパに翻訳されてもたらされたとされる。
★77——ギリシャ神話に登場するオリュンポスの神々の一人で、科学の神などとも言われる。

長老　まあ、いいんだけど、言いたかったのはこの阿羅漢の場合でも、細胞たちが活動停止するくらいまで、電子の回転が止まっていないと、それは簡単に燃えますよ。原子核のなかも、周りにあるエレクトロンフィールド（電場）も止まっているならば、どうすることもできない。影響を受けない。もうひとつの原子とつながるのは周りにあるエレクトロンフィールドでしょ。何かが燃える場合でも、酸素の電子につながってしまって、オキシダイズ（酸化物）になるでしょ。それが「燃える」ということですが、それが起きないんだから。
ハナムラ　電子のやりとりをすることで、他の物質に変化しますからね。
長老　そうしないと燃えませんからね。だから心を抜いたら、そこまでストップするのかと。そこまでストップするならば、またこれスタートすることも一苦労ですね（笑）。それで、決まった時間が終わっちゃうと、心がまた活動を始めるんです。始まったら、心臓の細胞から順番にスタートしていく。
ハナムラ　心臓からなんですね。

心は脳に宿るのか

長老　現代人は脳みそをすごく大事だと思っていますけど、昔から脳みそはそんなに大事に考えていない。命というのは血液と一緒になっているものだから。
ハナムラ　お釈迦さまも三二の身随観のなかでは「脳」を挙げていないですよね。

長老　脳みそと言っているだけ。脳というのは、ただ身体を動かしているだけですからね。
ハナムラ　やっぱり「ハダヤ（心臓）」のほうが大事なんですね。
長老　ハダヤというんだけど、これはお釈迦さまの説明がずるいんですね。心はどんな物質に依存しているのかという時に、心が依存している物質としてハダヤ（心臓）やらいろんなこと言われますよと。でも決してお釈迦さまは心が「心臓である」とは言っていないんです。
ハナムラ　なるほど。
長老　本当にそれ、そこで勘違いしないように言ってはいるんですね。脳のなかには、やっぱり心は見つからないね。脳のセクションには全部自分に与えられた仕事があるから、それぞれのセクションはみんな専門的に何かをするでしょ。自分の専門に関係ないことはできないんです。大脳だけはプログラムされていないんだけど、プログラムされていない大脳が命を管理するのはあり得ないんですね。心臓のなかにも相当な神経細胞があるでしょ。そちらも配線ができているので、心臓にも考える能力があります。
我々は言葉を使って、言葉で考えると勘違いしているけど、気持ちといったら、私の気持ちは胸にあるんです。言葉がない世界でしょ。お前のこと嫌い……と私の気持ちを指すときは頭を指しませんね。
ハナムラ　胸ですね。
長老　胸でしょう。結局はそうなってますよ。嘘つけない。だから心臓で考えているんだけど、それは言葉では成り立たない。人に対して恋が現れたといっても、それは脳みそではないんです。

他のどこかでその感情が現れるんです。だから頭で考えても、気持ちは抑えられませんね。「やっぱりこの恋はダメですね、じゃああきらめます」と言ってあきらめられませんね。だから誰かに対してすごい恋におちたならば、それは心臓の世界でしょ。変えてほしければ、同じ場所にメッセージを送らなくちゃいけない（笑）。
ハナムラ　なるほど、恋は頭ではなく心臓だと（笑）。
長老　言葉や考えることと、感じることやフィーリングの両方がありますから。我々が勉強する場合でも、勉強や研究をすごくやる人々はなんであんなに没頭してやっているのかというと、やるとなんとなくフィーリングが楽しいんです。快感があるんです。それは心臓のセクションです。だから心臓と大脳がつながって、合同作業やっているんです。
ハナムラ　心が宿る物質とされる★78「心色《しんしき》（ハダヤルーパ）」は肉体のなかでどこの物質を指すのかという場合、心臓ではなく全身に拡がっているんだと、長老はおっしゃっていましたね。
長老　それは私の考えですね。どこでもいいんだとね。だって膝をさすると、膝に感覚が生まれるでしょ。とっくにそこに心が生まれているんです。だから全身で感じない場所ってないでしょう。髪の毛くらい。
ハナムラ　爪も、脳自体にも感覚はないですね。
長老　脳自体は何も感じないんだから、脳に心は働かないでしょうね。その理論でいけば。脳は電気信号を出して、いろんなところを動かしてもらう。動くところには感覚がないと動かないんです。心臓や消化システムもずっと定期的にひとりで動くでしょ。あれも感覚があるんです。でも定期的にちゃんと動くから、感じないんです。心臓がちょっと鼓動ができなくなっちゃうと、どうですかね気持ちは（笑）。
ハナムラ 恐ろしくて、耐えられない痛みが生まれるんです。腸でも胃袋でもね、こうやって動いているでしょ。止まったら、我慢できませんよ。だから死ぬほどの苦しみを、各所にインストールしているんです。それ感じちゃうと困るから、そちらは四六時中ノンストップで仕事をする。
長老 オート（自動）で仕事をしていると。
ハナムラ だからもし機械的に仕事ができなくなると、そこを動かしている感覚が牙を出す。それも耐えられない苦しみになる。そのなかでも心臓がね、第一になっちゃうんです。一番動いているのは心臓で、ちょっとでも動かなくなっちゃうともう大変です。だから発作は体力のある人でも二回以上は無理。次に死ぬ。体力ない人は一回で死ぬ。
長老 僕の父と弟は両方とも心臓で死んだのですね。弟は特に空港でそのまま倒れて一回で瞬間に亡くなりましたね。そういう意味で言うと、心臓で死に至る確率は一番高い。でも心臓の細胞は非常に強いんですよね。心臓の周りの心筋細胞は古くて、昔からずっと動いていて、細胞分裂もそんなにしないと聞いたことがありますね。
長老 うん。まあ、丁寧に生きていてもね……。寿命で、使用期限が決まっているんだから。だって、臓器が現れる前に一番先に心臓細胞になる幹細胞が分離しますからね。そこから心臓はまだな

★78――仏教でいう完色という一七の物質のひとつで、心が依存する物質を指す。

いんだけど、振動はスタートしている。そこからどんどん他のものが現れてきて、大体脳みそなんかは後でしょうね。プログラムする暇もなくてね。パッパッと生まれちゃうし。手足とか他の部品は、母体のなかで出てくると、ＯＫかどうかをちょっとチェックするんです。眼以外はだいたいチェック済みで生まれるんです。
ハナムラ　眼以外？　あ、そうですね、眼は母胎内では見えないですもんね。
長老　赤ちゃんにもすぐ見えることはないんです。じわじわと見え始めるんです。だからたとえば、幹細胞がいろんなところに分かれていって、仕事別に分かれていっても、もし眼のシステムが現れなかったら見えませんね。眼を作るシステムはちゃんと二個の眼は作っても、神経の配列がうまく出てこないとトラブルになる。何かトラブルがひとつあっても見えないんだからね。おもしろいことに、トラブルがあると、眼の修理はできないけど脳みそのなかでその見えないなりの準備をするんです。臓器をコントロールするのは脳みそなので、先に「こういうことだ」と脳みそに報告してその人を何とか生かそうとするんですね。だから眼が見えない人は聴覚がすごいでしょ。
ハナムラ　そうですね。
長老　それから触覚とか他の感覚もね。
ハナムラ　よく言われるのは、脳の視覚野で本来眼が使うべきだったところを聴覚、嗅覚が使い始める。
長老　だからそれで、カバーしてくれる。
ハナムラ　共感覚という感覚があるんですけど、たとえば耳で聞いたことが視覚的にアウトプットされたりとか、目から入ったことが聴覚的にアウトプットされる人がたまにいますね。
長老 うん、いますね。それはその人の特色で、そんなに大きな問題ではないんです。たとえば、ものを覚えるときはビデオファイルで覚えることもできるし、オーディオファイルで覚えることもできるでしょう。大体ほとんどの人はビデオファイルで記憶していると思いますよ。
私は子供の頃、いろんなお経を暗記しなくちゃいけないでしょ。でも暗記することが嫌で嫌で……。それでも決まりだから、暗記しなくちゃいけない。できることなら暗記したものは次の日に忘れたいくらい嫌い。でもずるがしこいことはできたんですね。特に出家する前に在家として学校に行っていたときは、昔の時代だから学校でいろんなものを暗記させちゃうんですね。文学的なテキストや、いろんな古い歌とかね。それは暗記する価値はたしかにあります。学校で暗記したものをみんな大人になっても、だらだらと言いながら言葉として使っているんです。だから暗記したほうがいいと思うんだけど、私は暗記したくない。
でも先生たちに対して、私はしっかりやっているんだという顔をするんです。先生はその顔を見たら、「こいつはできている」と思って、私を当てて言わせたりしないんですね。先生たちも性格が悪くて、ちゃんと暗記していなさそうな、いたずらな子供たちから順番に当て始めるんです。「お前、勉強していないな」とチェックする。
ハナムラ なるほど（笑）。
長老 とにかく暗記するセクションに入って、先生たちは「はい次」と。それぞれの生徒を当てていって、結構喧嘩になったり、怒られたり、怒鳴られたり、発音を直されたり。いい加減に暗記していると途中で忘れちゃうので、それをまた先生が直してあげたりとか。それで一〇人目、一五人目とかになってくると、同じフレーズをずっと聴いているから私はもうOK、そのパートを覚えてしまっている。でも前もって暗記してないんです。ときどき本ももっていない（笑）。そこでみんなはちゃめちゃ苦労して、先生も疲れて、最後に「あなた、みんなに聞こえるようにちゃんと言ってください」と私に言うので、私はサンプルとして模範を出さなくちゃいけない。私はわかったと言って、ちゃんと節にのせて、フレーズをひとつも間違えなくね。先生は「ほら、お前ら勉強しないから」とみんなに言って、こちらはバッジまでもらえて（笑）。
ハナムラ　ははは（笑）。
長老　そういうことをやっていたんですよ。お寺に入っても同じずるいことをしていて、仲間はお経を暗記するでしょ。あいつら下手で下手で、間違うわ、間違うわ、直すわ、直すわ……。一人でお寺のどこかに隠れて、ずっと暗記の訓練するんですね。私にもそれが聞こえているでしょ。だから私は暗記しなくったってもね……。
ハナムラ　覚えてしまうんですね（笑）。
長老　覚えるんです（笑）。
ハナムラ　たしか「記憶」という言葉は仏教では使わなかったと思うのですが。
長老　「サティ」★79（気付き）という同じ単語使ってますからね。
ハナムラ　「サンニャ」★80（想）ではないんですね。
長老　んー。わからないね。記憶というそういうモジュールはないんですね。

ハナムラ　なるほど、当てはまる言葉がないんですね。
長老　私は覚える時は自分のオーディオファイルは使わない。ビデオファイルも使わないし。でも私は頭のなかにロジックファイルを作っているんです。読むものはなんであろうと、何かのロジカルシステムにはめなければいけない。そのときはめるんです。
ハナムラ　うーん、よくわかるな……その話は。
長老　いろんな人の話の悪口をはちゃめちゃ言うのもそういうわけです。それは私のロジカルシステムに当てはめると、これって超おかしい、ロジックになっていないでしょうと批判しながら、分解する。その分解したものがロジックファイルなんです。
ハナムラ　それは共感できます。ロジックのフォルダーに入れてしまえば忘れることがなくなりますから。
長老　だから何か思い出したければ、ロジカルファイルを出せばもうすぐに思い出せますね。

★79――特定の物事に心を常にとどめておくこと。日本語では念や気付きと訳される。
★80――心のなかに物事を思い浮かべること。想と訳される。

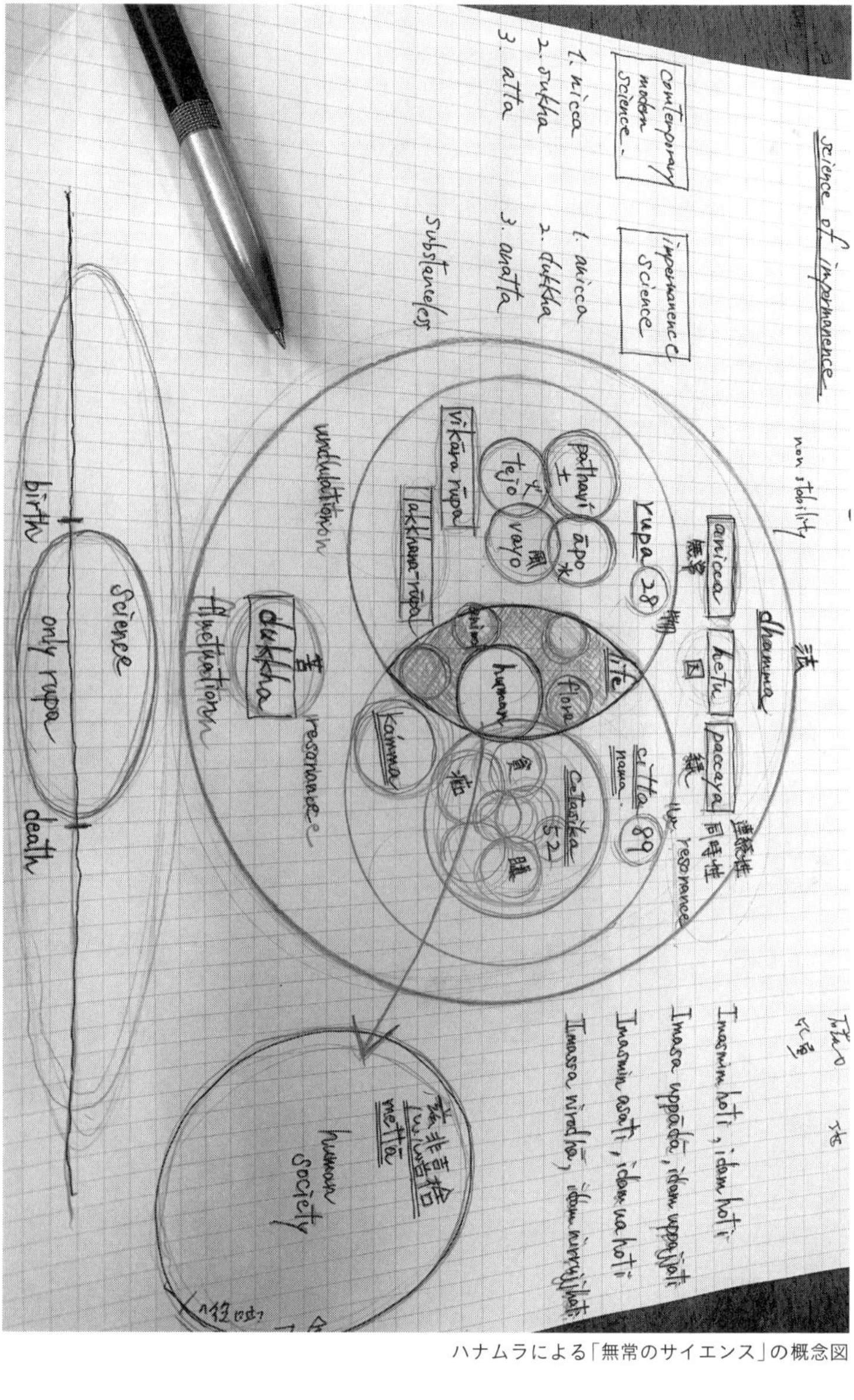

ハナムラによる「無常のサイエンス」の概念図

対談❺

生命と調和

より良く生きるためには？

無常のサイエンスのアイデア

ハナムラ　この対談の最初にお話ししたように、専門に分かれる前の大学生とか若い研究者とかに、ブッダの教えの科学性を知ってもらうような何かを、今回の対談とは別の形で何かまとめられればいいなと考えています。その可能性やアイデアについての相談、というよりアドバイスを少しいただきたいと思っています。アイデアを図として描いてきましたのでお見せしながら進めます（二〇〇頁参照）。
長老　うんうん。
ハナムラ　今の僕のアイデアとしては、「無常の科学《サイエンス》」、英語で「Science of impermanence」と呼べばいいのかはわかりませんが、そんな総合的な科学としての紹介という形でうまくまとめていきたいなと考えています。そこではまず現代の科学と無常の科学との対比からその違いを示せないかと。
近代以降の科学が対象として扱ってきたのは、基本的には我々が「生まれてから死ぬまで」の生きている期間にフォーカスしていると思います。しかも、その期間でも「物質」に関わるところしか扱っていない。それに対して、ブッダが考えていた科学はもう少し広い範囲を取り扱っていて、人間の「生まれる前と死んだ後」まで含めていた。そして物質だけではなく、それを支配する「心のエネルギー」にフォーカスしていた。そういう観点から、無常の科学の射程範囲の広さをまず示せればいいなと思っています。

そして、自然科学・社会科学・人間科学のいずれであっても、現代科学の根底には、「物事の不変性」「苦を取り除くこと」「自我を重視すること」などが据えられている。それに対してブッダの無常のサイエンスでは、「常に変化すること」「苦を受け入れること」「無我であること」[★81]がベースにおかれています。そういう対比のなかで、現代科学との方向性の違いが浮き彫りにならないかと思っています。
長老　はい。
ハナムラ　そのうえで、宇宙から人間に至る全体の階層構造をマッピングしたい。まず最も大きな法則として、すべての物事は常に移ろいながら変化して動いているという「無常」と「苦」の法則が法（ダンマ）[★82]という形で流れている。その大きな法則のなかに「物質」と「心」という別々のエネルギー法則で動くものがある。そしてその物質と心が重なるところに「生命」がいるという大枠の整理ですね。ここまではいわゆる「自然科学」の領域に当たるのかと思います。
心をもった生命のひとつである人間には感情（心所）[★83]がある。その感情には「善なるもの」と、「不善なるもの」と「善でも不善でもないもの」があって、その感情エネルギーの仕組みによって人間は一生あるいは生前と死後も含めてずっと心のエネルギーが止まらずに動いている。このあたりは心理学も含めた「人間科学」の領域になりますが、そうした心の法則というのが、

★81——私というものがいないという仏教の概念。
★82——仏教における法則や真理のことを指す。
★83——心そのものではなく、「心にあるもの」や、「心によるもの」で、心の成分のようなものとして説明される。

無常の科学では自然科学の領域と結びついているという整理です。つまり大きな宇宙の法則という自然科学の枠組みから生命全般を示し、その生命のひとつである人間にまで、階層構造をもってつながっているという全体のマッピングがまず示せないかと思っています。
長老　うんうん。
ハナムラ　そのうえで人間社会に関わる部分として、これまで話してきたような資本主義や社会主義ではないような「慈しみ主義」のような慈悲喜捨をベースにした「社会科学」の可能性を示していくことができないかと。大ざっぱですが、全体としてこういう大きな枠組みをまず設定して細部をまとめていくような方向を模索していけたらいいなと思っていますが、いかがでしょうか。
長老　これはこれで立派な分析とマップですね。若い人々に示す時には、このマッピングにちょっとした工夫が必要ですね。芸術的なアプローチでこれをまとめなくちゃ、味気がなくなってしまう（笑）。
ハナムラ　ええ。今はただ論理的に整理しただけですから。
長老　そういうわけで、これから一方的に私のアイデアを言います。それをこのマッピングやチャートに合わせてください。
ハナムラ　はい、お願いします。

仕事をするということ

長老　生まれてきた人間が社会から知識を得て、生きて、年をとって死ぬ。社会から得る知識にはいろんなものが入ってますね。科学とか文学とか……。だいたいその知識は何のためにあるのかをまとめると、ただ何か職業を見つけて、収入を得るためなんですね。だからその点ですごく狭いんですよ。莫大な知識を研究しても、最終的には職業なんですよ。
それがどうやって仕事として成り立つかはみんなあまり気にしない。何か品物を作って売れば良いとか、何か新しい研究をして発表する人々は研究資金が入ればいいとか。どちらにしてもエコノミー（経済）に入れてしまうんですね。でもみんなわかっていないのは、なんでエコノミーが成り立っているのかということです。私は一般人のおじさん、おばさんたちにしゃべっているので、こんな高度で専門的なことは普段は全然関係ないのですよ（笑）。
ハナムラ　なるほど。
長老　私が一般のおじさん、おばさんたちに言うのは、あなたが一人でちょっと森に入って穴を掘る。そこで穴を掘ってもあなたは疲れるだけで、得るものは何もない。しかし、もし私があなたに「ここらへんで穴を掘ってくれませんか」と頼む。私が頼むのは、私にとってその穴が何かの役に立つからですね。その場合は私がその人にお金を払わなければいけない。
だからAというひとつの穴を掘っても仕事になっていない。けれどもBという穴を掘ったら仕事なんですね。どちらも穴を掘るという同じことなんです。同じことであっても、ひとつは仕事でひとつはそうでない。もちろん仕事でないものであっても、自分ひとりで楽しくなる可能性もある。あるいは疲れてくたびれる可能性もあるけど。

たとえば、森をきれいにする。誰もそれにお金はくれないけど、その人は自分が楽しいんですね。私は自然界に何か貢献しましたと。それも自分自身が生きるために必要なエネルギーですよ。その点で金にならない仕事をやっているんですね。でもその人は精神的にエネルギーをいただいていますよ。金をもらっても、結局は金に価値はないんですよ。そこから得るサティスファクション（満足感）なんですね、価値があるのは。お金もらって、弁当買って、それを食べる。そのサティスファクションに価値があって、金には価値はないんですね。だから結局は自分が得るサティスファクションが仕事ということになるんですね。

ハナムラ　うんうん。

長老　それで、仕事についてもっと俗っぽく言えば、人の役に立たないと金はくれません。人以外のものの役に立つと、金というバリアを通さなくても、いきなりダイレクトサティスファクション（直接的な満足感）が得られる。といっても、それだけでは生きられないんですね。服を買わなくちゃならないからね。食べるものを自分で作るか、買うかどちらか。セルフサティスファクション（自己満足）だけでは車は買えないんですね。現代世界はお金で解決する。だからお金は便利な道具なんですね。

人の役に立つことで、お金をもらう。お金としてサティスファクションというものをもらうことで、人は生きている。というか、生きているから、それをやらなくちゃいけない。生きていることがもっとベースにあるんです。生きているから仕事をするのであって、生きていなければ別に関係ないでしょう（笑）。

特に若い時、自立し始める前の子供たちは「寄生生物」だからね。親がいなくてはどうしようもなくなっちゃう。だからある時期でバイトも始めて、親からお金もらうこともじわじわ減らして、それからもう結構ですということになるでしょう。そのトランジションピリオド（移行期間）がとても大事なんですよ。依存していた人間がじわじわと親への依存を減らして、独立して自分の力で生きる、というこの移行期間。我々が大学までの学校でやっているのはそれでしょうね。その人間への移行期間を失敗したら最悪で、見事に変わらなくてはいけない。だからひとまず科学とかはおいといてね。科学はただの道具でしょうし、移行期間でどういうものに頼るのかというようなもののひとつです。

ハナムラ　そうですね。

長老　でも特に日本文化には、命より仕事が大事という考えがありますね。親が病気で、突然病院に運ばれても、仕事があるから仕方がないと。だから仕事が終わってから病院に行くという世界でしょ。仕事終わると、親が最後の時期になっているのだけど、そばにいてあげることができない。それが偉いという考えの人もいるんだからね。まあ、答えはないんだけどね。

たとえば芸術世界では、一年かけてコンサートや演劇の舞台みたいに、何か計画立てて、場所も用意して、訓練もして、観客がチケットも買って待ち構えている。何月何日の何時に開演ということでね。でもその日に限って、その主役やる人の親が病気で倒れてしまうと、ほんとに

ハナムラ　それは困りますね。お金を払い戻したら、全部をキャンセルしないといけない。すごく損をしますね。払い戻しても、劇場に払ったお金はかえってこないんだからね。将来的にも信頼性を失ってしまう。だから芸術家の場合はどうすればいいのか、私もよくわからないけどね。いわゆるソーシャルコミットメント（社会的な責任）が出てきますね、その場合は。
長老　舞台に立っていると「親が死んでも幕が上がる」と言われます（笑）。
ハナムラ　じゃあ、そのケースだけ抜いてみたら、他の世界はそんなにないんです。他の仕事では、どんなものでもね。お医者さんにしたってもね……。
長老　代わりが利くということですよね。
ハナムラ　そう、代わりがいるんですよ。ちょっと脱線しましたが、「仕事が神さま」とか、「仕事は宗教より大事」とか、なんでそういう言葉があるのかというと、学校から仕事への移行期間がうまくいっていないんです。特に日本社会を例にしゃべってますけど、移行期間にうまくトランスフォーメーション（変化）する方法を教えなくてはいけないけど、教える側に能力がない。あれやこれや脅しとかいろんなことをやるだけでね。
長老　だから、教える人々にはもうちょっと能力あってほしいんですね。若者を育てる義務というのは冗談じゃないんです。子供たちがこれから着々と進んで独立する。そこに数学や物理学ばっかり教えてもね。あるいは芸術関係の子供たちだったら朝から晩までもっとやりなさいとか訓練させてもね。スポーツだったらそればっかりやらせてもね。それで一人前になるのかと。そこに問題があるんです。
ハナムラ　そればっかりやっているとロボットになって、機械みたいにプログラムされたことだけやって、年とって死ぬんです。「よく生きてきました、よく頑張ってきた」というセルフサティスファクションが消えてしまうんですね。
長老　奴隷システムに入ってしまうのですね。
ハナムラ　そう、入っちゃうんですね。すべてマンネリ化して、そこでプログラムしているんだから、生きていることがオートラン（自走）しちゃっているでしょ。ほとんど人間というのは無理やり入れられたアルゴリズムでオートで生きている。会社の上司がちゃんと時間に出勤することを言わなくても、八時だったら七時半に行っているんですね。
長老　日本人は特にクレイジーかもしれません。
仕事が五時半で終わりでも、七時半まで頑張るんですね。そしてよく頑張っているんだと、威張るんですね。仕事が上手だったら、八時に出勤すべきところを一〇時に行ってしまってもできるんです。能力がある人は、自分の仕事分は三時に終わっていても、家に帰ってもやることないし、他の仕事下手な人々もいくらか助けて、四時くらいに終わって映画でも見ようかなと。それは自由に自分で自分をプログラムしているでしょ。オートランではないんです。理想的に考えたって、それは格好いい生き方でしょ。
だから一般的にどんな仕事を選んでも、教育を受ける期間はトランスフォーメーションする時期なんですね。それを大事にしなくちゃ。何をトランスフォーメーションしたほうがいいかという問題。どんな仕事をするのかという問題ではないんです。

生きるための技／Art of Living

長老　「生きること」というテーマのなかで人間を育てるべきですね。人間としてどうかっこよく生きるのかということは、数学より先なんです。生きているから数学、生きているから物理学があるのに、How do you live?（いかにして生きるのか？）ということは、学校で教えてあげていないんです。
ハナムラ　ええ、まったくそう思います。
長老　本当は学校教育で一番大事な必須科目にならなくちゃいけないのは「道徳」なんです。道徳についてはちらちらと小学校、中学校の授業で教えていますよ。でも道徳の授業は一番つまらない。道徳というのは、狭い範囲ではなくて、みんなとどうやって仲良く生きるのか、命とは何なのかという、そういうのを学ばなければならない。学問として何をやるのかというよりも優先しないといけないのは、「あなたはどのように生きるのか」という自分の人生をプログラムしなければいけないということです。それをちょっと助けてあげなければいけない。「生きる」ことの上に、科学やら仕事やらが成り立っているんですね。
ハナムラ　それは最初の導入で示さないといけないことですね。
長老　それがベースだからね。でも「どう生きればいいのか」ということを、若者に聞いた途端に、

「仕事」のことを考えちゃうんですね。でも小さな子供に聞くと、優しい人間になるとかいう答えが返ってきますね。幼稚園の子供たちには、そちらにポイントがおかれるんです。小さな子供たちは生きることの他は何も知らないんだから。だからかわいい人間でいたりとか、みんなに手を振ったり、ニコッと笑ってあげたりとか、生きるための「技」を全部知っているんです。
ハナムラ　だから大人から見れば無条件で面倒をみてあげたくなる。なぜなら子供たちが「How to live」を知っているからなんです。泣くことでもいろいろ演技をするでしょ。人の興味をひくために。泣き方の種類もたくさんありますよ。かわいそうに思える泣き方やら、攻撃的に泣くことやらね。
長老　もう三歳くらいからやりますよね、演技を。自分が何かを演じてお母さんの気を引くということを。
ハナムラ　そうそう。それから、知らない人から身を守らなければいけないことも、よくわかっているしね。とにかく小さな子供はある程度「How to live」を知っていますね。でも自立していくにつれて、その技は効かなくなるね。ある程度大きくなったのに泣いたらアウトだからね（笑）。
長老　別の技が必要になりますね（笑）。
ハナムラ　新しい技が必要。小さい子供には生まれつき、生きるための技が身に付いているんですね。動物と同じように、本能のプログラムです。小学一年生ぐらいまではそのプログラムでうまくいくんです。二年生くらいからは新しいプログラムに入れ替えなくてはいけないんです。それが

ハナムラ　人間の問題なんです。動物にその問題はないんです。だから人間に限っては、「How to live」、どう生きればいいのかを学びなさいということが、私は仏教を通して言いたいことですね。「How to live」と同じくすごく大事な問いとして、「Why do we live」、なぜ私は生きているのかが仏教にはあるように思います。その両方が大事だと思うのですが。
長老　その問題もありますけどね。私はあまり「Why live」は扱わないのですよ。なぜかというと、そのテーマについてそんなに真剣に考えている子供はほとんどいないんですよ。教育プログラムがあまりにも楽しみを与えていないので、なんかイライラしてやりたくないとなるんです。サティスファクション（満足感）というのはずっと必要なんですね。子供から大人への移行時期の教育のなかから、サティスファクションが取り除かれているんですね。
ハナムラ　なるほど。
長老　そうすると、なぜ勉強をしなければならないかと思うようになる。宿題が出ちゃうと嫌で嫌でね。それは宿題を出す人がサティスファクションをあげていないんですね。宿題やることに対して何かサティスファクションを得るようにしなければいけない。それに加えて、「Why live」ということを出すとみんなね……。もちろん賢い子がそれを尋ねる場合には答えがありますよ。
ハナムラ　「How to live」の話ですが、どうやって生きていくのかについて子供の頃にサバイバルの方法を知っている。大人になっていくほど、その方法が使えなくなってしまう。そこで、どうやって生きていくのかというテクニックが必要になるのはわかるのですが、一方でそのテクニックばかりを覚えていきがちにもなるんですよね。

長老　サバイバルという単語が良くないんです。Technology of living（生きる技術）、Art of living（生きる技）。
ハナムラ　ああ、Art of living のほうが美しいですよね。
長老　サバイバルではないんですね。サバイバルは品がないんです。
ハナムラ　その Art of living になるべきところを、大人への移行の時期に間違えると、品がないサバイバルのメソッドばかり覚えていくことにもなりがちですね。そんな大人ばかりいるように思えますが。
長老　サバイバルというのは生命の管轄外です。人間にコントロールできないんです。たとえば、進化論から考えても、サバイバルというのは環境とかいろんな条件によって成り立つもので、それに対応できるかどうかが問題になる。石が転がってくると、避けなければいけないでしょう。その時にどんなふうに避けるか、どこに逃げるかというのは自分で知らなければいけない。そうするとサバイバルはできる。
ハナムラ　Art of living を最初に教えなければいけないというのは僕も賛成です。でも仏教に特有の話としては「生存欲」の話があって、なぜ我々は生きているのかについて知ることも重要に思うのですが。
長老　それは少しテーマが違いますから、「なぜ生きるのか」については後で話したほうがいいですね。まずは Art of living を順番としては教えなくちゃいけないでしょうね。
ハナムラ　なるほど、それが入口ですね。

生きるという演奏の指揮者は心

長老　どんなものであっても、単独では生命は成り立たないとまずは理解する。生命というのは、自分の身体を見ても、たくさんの生命たちの共同作業であると。だからそれがオーケストラみたいに、どんな楽器もそれぞれピッチを合わせて、しっかり演奏しなくてはいけない。でも残念ながら指揮者がいない。西洋音楽では指揮者がいないとストップでしょ。インド音楽ではいらないんだからね。即興で演奏しますよ。全部周りの楽器が合わせるんです。
私もその文化圏の人ですけど、みんな心でつながっているんです。だから自分がひとつ楽器をやっていると、隣の仲間の人が次にどんなふうに気持ちが変わるのかがわかるんですよ。それによってこちらの演奏を変えるんです。何人かで演奏しながら、仲間の顔を見るんですね。顔を見ると、演奏が変わるんだよと知っている。どのように変わるんだよということも知っているんですね。
ハナムラ　世界中にある伝統的な音楽というのは、そちらのほうが多いと思うんです。インドネシアのガムランとか、日本の雅楽もそうかもしれないけど、指揮者はいなくて互いにその場の空気を読みながら、心と心で「こうか」と言いながら調子を合わせてコミュニケーションしていくのが音楽の本質だと思うんですよね。
長老　まあ、それでもそれより先に練習しなくてはいけない（笑）。
ハナムラ　まずは自分の能力を上げないといけないですね（笑）。

長老　練習して、実際に演奏する場合は指揮者がいなくても物事はうまくいくんですね。指揮者がいない場合は、聞いている人々が演奏に参加しているんですよ。聞いている人の気持ちに合わせてやっているでしょ。だから西洋的に指揮者がいると、我々は傍観して座って見ているだけになりがちですね。演奏には参加していないんです。
ハナムラ　心が共鳴していないんですかね。
長老　そうなんです。この音楽の場合はそうではなくて、なんとなく自分でリズムをとったりして参加しているんです。そこで聞いている人々の気持ちが変わって、なんかいい調子になってきたと思うと、こちら側の演奏者ももっと調子をあげる。特にインドの場合は、聞いている人々がなんか疲れているんだなとわかってくると、どんどん調子をダウンしていく。そうすると万々歳でみんな喜んでいるんですよ。
ハナムラ　ああ、なるほど。
長老　私が一度インドに行ったとき、ホテルで音楽の生演奏がされていたんです。でも誰も聞いていない（笑）。私は「これ、かわいそうだ」とそちらに行って座ったんです。誰か聴かないとインド的には音楽が成り立たないのでね。そうすると演奏している人は心でわかるんです。すごく楽しい波長が拡がっていくんですね。お互い目で挨拶して、元気にいろんな技見せながら演奏してくれたんですね。
ともかく生命というのはいろんな生命が身体のなかで組み合わさって、お互いにコミュニケーションして、オーケストラのような感じで「生きる」というひとつの演奏をしているんですね。

ハナムラ　ハーモニーと考えたらいいんですね。
長老　そう、すべてハーモナイズして生きるということ。そこで身体のなかで自分の心が指揮者として指令するんですよ。立ちたい、歩きたい、食べたいとかね。もちろん食べる欲求は自然にできてきますよ。でもそこに心が指揮者として「じゃあ、おでんを食べましょう」とするんです。本当は身体にはラーメンでもご飯でも別に関係ないんです。そこでの心の管理でみんな失敗しますね。すべてをハーモナイズしなくちゃいけない。
学校では教師たちとも、友達とも、他のスタッフたちともハーモナイズしなくちゃいけない。そうすると学校生活はすごく楽しい。みんなの名前を知って挨拶をして、下級生たちとも話して、上の人たちともコミュニケーションして生きていればいいんです。これは「ひとつの演奏である」と理解すればやりやすいんですよ。それを若い人に教えてほしいところですね。
ハナムラ　本当にそうですよね。
長老　指揮者は誰かというと、自分の「心」なんですね。指揮者が下手で、へまやったら最悪でしょ。でも誰もこの指揮者に必要な教育をしていない。この子供から大人への移行期間で、一番大事なのは心の訓練なんですね。心をどう管理するのかと。
そこでわかりますね。「やってはいけないこと」と「やらなければいけないこと」が。だから人生を全体的にハーモナイズする作業です。そこでわがままはアウトでしょ。わがままというのはハーモナイズを壊すことです。自我を張ったらダメ、怒ったらダメでしょ。いたって簡単にわかるでしょうね、やってはいけないことが。

だからそういうわがままが心にあったら、あなたの指揮者がまだ資格をとっていないよと。怒らなくちゃいけないことがあっても、怒ったら負け。そこでどうやって楽器を合わせるのかと調整しなくてはね。相手の行動が気に入らなくても、「なんだてめえは！」と言って当たるのではなくて、相手のことを理解してあげるか、あるいはその環境から離れるか、「自分がやめよう」とか、いろんな工夫があるでしょう。若い人々には、そういうふうにこの心を育てる方向へもっていくんです。人が育てるべきなのは心なんです。マルチファンクショナルライフ（複数の機能をもった生命）の存在というのは、ひとつのシェル（殻）として生きているんだから、それを全部ひとつにまとめる指揮者の仕事は心ですね。
だから人々は心を育てて、一番最初にどういうふうに仲良くするのかを基本にしなくてはいけない。欲張ってはいけない、怒ってはいけない、自我を張ってはいけない、落ち込んではいけない、引っ込んではいけないとかね。負けて逃げてもいけないし、だからといって、余計に攻撃して自分をつぶしてはいけないし。お互いさま、誰でも平等で権利がありますから、どうやって機嫌をとるのかとかね。
ハナムラ　まずはそこからということですね。
長老　その喩えがあまりわからないのであれば、政治システムを考えるとかね。国民が投票しなかったら政治家にはなれないでしょ。でも政治家が人々に「投票しろよ」と強制したら、すべて終わりでしょ。投票しようと思っていた人も「やめよう」となるんだから。それを理解すれば、ちょっと変わった生き方は見えてくるんです。投票せざるを得ないような状況を作るんです。ちょっと変わった

ハナムラ　ネクタイをしてアピールするとか、いろいろとくだらないことやってますよ、政治家は（笑）。
長老　うーん……くだらないですよね。そのテクニックだけでやっている感じがするんですよね……。
ハナムラ　それはまた別の問題だからね。まだ子供の世代ではちょっとそのテクニックも使ったほうがいいんですよ。
長老　うーん……テクニックも覚えたほうがいいということですかね……。
ハナムラ　生きるためにね。だから「自分の仲間になれ！」ではなくて、自分の仲間にしなきゃしょうがないと周りが感じるようにしなくちゃいけない。
長老　それをちょっと演出するんですか？
ハナムラ　それは演出ではなく、真剣なことだからね。その場合の演出は悪くないでしょう。だから優しい人だったら仲間になれるでしょう。相手を笑わせるなら、仲間になれるでしょう。雰囲気を明るくしてあげれば、仲間になれるでしょう。そういうのは演出ではないんです。というより演出も大変な仕事だからね（笑）。
長老　まあ、アート、Art of living ということですね。
ハナムラ　アートとしてそれをやればいいんです。そういうことで、「嘘をつくな」とか、「人を騙すな」とか、「怠けるな」とか「ごまかすな」とか、Art of living が、仏教にはすべてあるでしょ。仏教の場合は Art of living といっても、何をどのように食べるのかとか、あまりにもくだらないことは言いませんよ。フランス料理で言うようなナイフとフォークをどう使うかとか、そんなのは間違っても全然ＯＫ。

たとえば自分で宿題やらないで、友達の宿題をコピーする場合は、騙すことでしょ。そうすると、自分の心を指揮者として育てていないことになる。だから子供には「心が指揮者です」と。みんなを合わせてハーモニーして演奏させなくてはいけない。指揮者を育てなければいけないと教える必要があります。この子供から大人への移行期間ではそれがベースで、それがなくては何も成り立たない。

そのくらい道徳が守れれば、子供たちは勉強もするし、訓練もするでしょうね。だって自分を騙していないんだから。そこで訓練に時間がかかると言ったら、一日のタイムスケジュールも自分で考えるでしょう。自分の遊ぶ時間から一時間減らそうとか、寝る時間これくらいにしようとか、全部自分の責任でそのときにやるんです。

そうするとお母さんが「あなたはこうだからこうしなさい」とか、「テレビ見てるんじゃない、宿題あるでしょう」とか言う必要なくなるんです。それは奴隷システムだから、みじめですね。いやいや生きていることになるでしょう。今話したのは、仏教でいえばすごくシンプルな道徳システムです。戒律守れって言っても、誰も聞いてくれないけど、こういうArt of livingとして私という指揮者を育てる。その部分を解決すると、数学どうするとか、生物学どうするとかいう、その子たちがすでにやっていることも楽しくなるんです。そういうセクションがベースになる。

ハナムラ　まず基本はそういうことを覚えると。

長老　それは絶対必須科目で、欠かせないですね。それができる人に時間の余裕が出てくる。パッパと勉強できるし、宿題もちゃんとやっている、学校の人々と仲良くしている、学校のスタッフも自分のことを気に入っている、みんな覚えている。だから楽しい生活。ときどきスタッフがお菓子食べて、お茶を飲んでいるなら、「キミキミ、おいで、一緒に飲みましょう」とか呼ばれるような生徒にもなる。そうすると学校とか家という区別もなくなる。学校も家ということになる。だいたい大学生は自分の家にいますけど、大学に行っても楽しいし、アパートに帰ってもまた楽しいとか、そういうふうなベースをまず作るんですね。

サバイバルではなくアート

長老 ポイントは生命は単独で成り立っていないということから始まる。それで、その指揮者とか監督のもうひとつの大事な仕事が「慈しみ」なんです。それぞれの細胞たちとか、微生物たちとかが身体にはいっぱいいて、周りにもいっぱい人間がいて、他の動物や生き物がいて、そこでうまくコミュニケーションとらなくちゃいけない。マネジャーとか社長にならなくちゃいけない。自分が自分の社長なんですね。
だからマネジメント（管理）というのは欠かせない能力なんですね。そこでどうやってマネジメントするかというと、「慈しみ」が必要なんですよ。管理者が「これをやりなさい！」と言ってしまうと、やってくれないでしょ。慈しみで言ったら、やってくれますね。「仲間だから当たり前にやってあげますよ」と。だからいいマネジャーになる技はたったひとつで、それが

「慈しみ」ですよ。そうすると身体のなかの臓器たちもうまく活動してくれる。人間もうまく働いてくれる。植物も反応してくれますよ。もうちょっとこうなったほうが格好いいのにと思ったら、そうなるんです。

ハナムラ 社会でも人間でも自然でも、どんなものに対しても、その根底にある心のディレクションの方法は同じですよね。まずはそのベーシックな部分を伝えてから、それぞれの専門領域に入っていくという話ですね。

長老 一人ひとりの人間がディレクターや立派なマネジャーになることね。トラブっている人々はみんなマネジメントがうまくいっていないでしょ。たとえば、登校拒否や、引きこもりの問題に対してカウンセリングや医学的治療とかをやっても、結果はうまくいくとは限らないね。無理やり教育受けて、仕事に行っても一ヶ月で辞めちゃうこともあるしね。いい年齢になっても親のご飯を食べないといけないこともある。

でもこのプログラムでいけば、もう一八、一九歳とかになってくると自分でやりたくてたまらなくなっちゃうんです。大学生でも何か賢くバイトを探して、親の仕送りなくても生きてやるぞという感じになるでしょう。

日本文化的には人生の苦労話というけど、あれは頑張ったエピソードでしょ。でも「頑張った」と言うと、ちょっとネガティブなニュアンスが入ってくる。「いま大成功しているあなたが、これまで進んできた険しい道のりを教えてください」とテレビでインタビューすると苦労話になるんですね。それは微妙にネガティブで、私はあんまり好きじゃないんですね。

ハナムラ　まあ、日本人はみんな苦労話が好きですけどね……。
長老　私の場合は何でもユーモラスでないと。私は日本人のなかでも論理的に好きなのは「お笑い芸人」なんですね。
ハナムラ　へえ、なるほど（笑）。
長老　でも最近の芸人を見てみると、ヘタ、へた、下手（笑）。笑えるところがなくて腹が立ってしょうがない。だから私はその場合、慈悲喜捨の「悲」を育てるんです。能力ないのに、一生懸命頑張っているんだなと……。
ハナムラ　ははは（笑）。
長老　しゃべるときのイントネーションやら、あれ「間《ま》」というんですかね？　その間をとるために訓練して頑張って……。その間が読めるんですね（笑）。
ハナムラ　バレてるんですね（笑）。
長老　読めたらアウトでしょ、芸術家として。
ハナムラ　たしかに。お芝居も同じですね。芝居していることがバレると成立しない。
長老　だから私はもう「大変だな、頑張っているな、ご苦労さま」という気持ちでね。自分の国が仏教文化だから、我々は生まれつき「お笑い芸人」なんです。笑いがないところがないくらいね。最近、スリランカが政治的にすごく不安定で、みんなが政治家を嫌になってるんだけど、ある党をみんなが応援しているんですね。その党でやっている人々はすごく真剣で、誰一人酒も飲まない、タバコも吸わない、給料ももらわない。

ハナムラ　それは素晴らしいですね。
長老　それで、党から生活援助をもらって活動しているんです。本人たちは何か修行やっているような感じで、献身的にやっているんですね。しゃべるときにも、それなりにデータを淡々と出してしゃべるんですね。将来、自分が政権をとったらどんな計画でやるのかを客観的に話しているんです。いま国民は乗っています。だから現政権が選挙は禁止ということにしているんです。選挙したら現政権は負けて、その党が勝ちますからね。選挙禁止は憲法違反ですが、堂々とやっている。
ハナムラ　へえー、そうなんですか！
長老　うんまあ、それはいいんだけど、最近見たのは、たくさんの人々がその党の話を聞くために集まるんですよ。そこでみんないろいろと冗談を言うんですね。話を聞くために来た一般人が。その冗談を聞いちゃうと、真剣にしゃべろうとしている党の人が、顔伏せて笑っちゃうんです（笑）。本当は逆でしょ？　しゃべる人がみんな笑わさないといかんでしょう。
ハナムラ　なるほど（笑）。
長老　しゃべる人は品格を保つために、あまり品のない言葉とか、相手の党をバカにするようなことは言わない。その代わりに一般人がバンバンと言う（笑）。あれは格好いいなと思ったんですよ。みんな参加していて。
ハナムラ　そうか、参加ね……。
長老　私たちはいつでもお互いにからかっちゃいますよ。なんでも冗談に受け取っちゃうし、知らない人というのは我々にはないんです。誰とでもしゃべる。
ハナムラ　冗談を言うというのは、ひとつのArt of livingですよね。
長老　スリランカではそこがベースにあるので、たとえキリスト教の人であっても「文化的」には仏教だからね。信仰的ではなくて。
話を戻しますけど、指令したから相手がやってくれるというのは奴隷システムで、慈悲喜捨でいいマネジャーになるというのは、相手がやりたいからやってくれる。
ハナムラ　相手が自ら望んでやるということですね。
長老　そうそう、そういう気持ちにさせたら、完璧なマネジャーなんですね。だから一人ひとりの人間が自分の人生の賢いマネジャーになる。他人の人生ではないんです。もし自分自身がいいマネジャーだったら、喜んでやってくれるんですよ。そうすると、すごく明るく楽しい世界が現れますよ。
ハナムラ　今までのお話を少し整理すると、西洋と東洋という分け方がいいかどうかはわかりませんが、西洋型の音楽では一人の指揮者のもとでオーケストラの演奏者たちが統一されて音を奏でている。その演奏をお客さんは聞いているだけになりがちで、オーケストラが与える音楽を受け取るというモードになるのだと。
それに対して、東洋型の音楽では、誰か特別な指揮者やリーダーがいるわけではなく、みんなで空気を読み合って、心を共鳴させながら、ハーモニーを奏でていく。その演奏には聞いている観客の心も参加していて、それに応じて演奏者はハーモナイズしながら演奏を変えていく。

こうした音楽のベースとして二つの大きな方向性の違いがあるということですね。
それを科学や社会システムに当てはめて考えると、ここで言う西洋型のスタイルは何かひとつの理論や、誰か一人の強いリーダーが強力な権威や権力として、すべてをコントロールして、奴隷システムを作って支配するということになりがちだと。
それに対して、東洋型というかハーモナイズするシステムや科学では、それぞれお互いが自立して行動しながら、互いに共鳴したり、ハーモニーを奏でていくというようなスタイルを好む。体内の細胞や微生物から他の人間や動物、植物に至るまで、それぞれ独立しつつもハーモニーを奏でていくということをベースにした新しい科学や社会システムを育んでいくという方向性。それを模索するべきだという理解でいいですかね。
長老　うんうん。だからその方向だと指揮者はいないけど、一人ひとりが指揮者なんです。それぞれが指揮者でありながら、演奏もします。仕事を二つやらなくちゃいけない。でもコントロールされている場合はひとつだけやればいいんです。
ハナムラ　なるほど、だから奴隷システムになるんですよね。
長老　奴隷システムは、指令が入ったのでやった。それで終わり。でもこちらの場合はもっと高度ですね。指揮者は自分で、演奏するのも自分でね。だからこちらのほうが能力としてはより必要です。指令型は「サバイバル」として戦っているでしょ。「生きるか死ぬか」というね。我々はそれをかっこいいと思ってしまってやられているんですよ。でもサバイバルはいらないんです。
ハナムラ　サバイバルではなく「アート」だということですね。

長老　こちらはアートです。サバイバルというのは泥まみれの戦争でしょう。
ハナムラ　奴隷システムに対して、独立した人々によるハーモナイズドシステム。
長老　それが本来は東洋である我々の「切り札」でしたけどね。それを今はやってないね。だから東洋は自分で自分の首を絞めてね。自分で喜んで、毒を摂っていて飲んで苦しい。
ハナムラ　まあ、騙されたというのもあるでしょう。
長老　そうそう、あれ鉄砲に脅かされたんだからね。
ハナムラ　騙されて誘惑されたというのと、脅されたという二つがありそうですけどね。
長老　うんうん。

すべては一時的な現象である

長老　そこで次に、「なんで生きるのか」という話です。「Why」と考える資格があるのは、「マネジメントできる人」なんです。ろくに勉強しない人々が「Why」と言うと、私は答えませんよ、「あなたには関係ないんだ」と。生きるアートがビシビシ身に付いている人は腕を組んで「なんで生きなくちゃいけないのか」と言うと、これは格好いいでしょ（笑）。
ハナムラ　しっかり生きている人がね。
長老　そうそう。その人にさらに上のレベルの生命の仕組みを教えられますよ。そこで初めて、物事というのは本当にあるかないか見えづらいよと教えられるんです。なぜ見えづらいのかというと「因縁」によって成り立っているんだよと。「蜃気楼はあるんですか」と聞いたら、「ある」ともいえるんですね。でも「ない」ともいえるんですね。蜃気楼の仕組みを知っていると、本当は蜃気楼はないんですよ。だってあれは目の錯覚でしょ。人生は何でもかんでもそういうもの。たとえば「花がきれいですか」と、人に聞いてみたらどうですかね。どんな基準で「花がきれい」と決めているんですかね。何もないでしょ。いろんな条件が生まれて頭のなかで「きれい」という錯覚を起こすんです。花というのはその植物の一部ですけど、なんで葉っぱはきれいと思わないんですかと。

世界は「花はきれい」という前提で生きているけど、ちゃんと調べてくださいと。調べるとそれは成り立たない。葉っぱがたくさんあるところに、ただ花が咲くとびっくりするだけ。

ハナムラ　コントラスト（対比）の話ですね。

長老　そう、ちょっとしたコントラストが現れるだけで、人間が勝手に花をきれいと思って、その前提で人生を変えようとする。それでトラブルが起こりますよ。だから花を生ける先生たちには結構ストレスがかかってます（笑）。花を生けるのは、雰囲気を穏やかにしたり、リラックスさせたり、気持ちよくするためにする作業ですけど、やっている本人がすごく緊張しているんです（笑）。

微妙な調整をしながら、曲がった枝をもうちょっと曲げてこうかなとかね。すごい作品だと思って、それをもっていっていろんなところにおいてみれば、すごく感じが変わるでしょ。居間においたらすごいとか、階段のどこかにおいてみたら雰囲気が違うとかね。

だからいつだって幻覚を脳みそで作って、それが生きることだと思っているんですね。そこで困ったり、悩んだりしてね。「なぜ生きるのか」と聞いているんだけど、生きるというのはそんなものは成り立たない。全部がそのときそのときのパフォーマンスであり、現象だと。極限にクールに行ったほうがいいんです。
ハナムラ それはArt of livingを身に付けてからの次のステージですね。
長老 物事は因縁によって成り立つだけで、何も存在しないしね。瞬間的な存在で、花もそのときにきれいなだけでね。だから固定的なものは何もないんです。一時的な現象なんです。瞬間的ですね。それに引っ掛かるなよと。自分が冷静でいて、次の現象にはそれなりの反応をすればいいんです。そしてまたその次の現象にそれなりの反応をすればいいのです。無常な現象を無常でないと受け取って、束縛されているんです。そこから生きることが苦しくなってくるんですね。
だから因縁によって、次から次へと変わるもの、現象の流れで、自分自身も次から次へと変わっているんだから、フリーな精神で、善悪判断しないで生きる。反応はその場その場で反応して、それは次に持ち運ばない。今の瞬間で「いいなあ」といっても、別な瞬間でその判断を出すことはできない。だから冗談でいえば、たとえば、今日水曜日の一一時半のあなたはすごくかっこいいと思う。でも一二時になったらわかりません（笑）。
ハナムラ 常に価値はテンポラリー（一時的）に現れてくる（笑）。
長老 だからこの価値判断というのはひとつも完璧なジャッジメントではないのです。

ハナムラ　テンポラリー（一時的）とインパーマネンス（無常）の両方であるという理解でいいのですか。
長老　因果法則で教えているのはインパーマネンス、つまり無常ということでしょ。それから物理的やら超越した科学に入ってみても、素粒子がバイブレーションでしょ。バイブレーションは止まらないということです。すべてただのバイブレーションで、物はあるように見えるだけ。宇宙があるように見えるだけ。自分があるように感じるだけ。全部バイブレーションですよ。バイブレーションというのは止まったらバイブレーションではなくなるんだからね。
ハナムラ　バイブレーションという言葉がいいですか。それともフラクチュエーションという言葉がいいでしょうか。アンデュレーションという言葉もありますけど。
長老　そうね、いろいろとありますね。まあ、同じカテゴリーの言葉でしょうね。インパーマネンスという単語はあんまりね。固定した「名詞」だから、ちょっと困るんですね。パーリ語で無常（不安定）という意味の「アニッチャ」★84という言葉は、「止まってない」という意味なんですね。ノンスタビリティなんです。
ハナムラ　そうですね、ノンスタビリティのほうがいいかもしれませんね。
長老　「無常」の文字通りの訳はインパーマネンスでしょ。それはパーマネント（永遠）ではないという意味で。
ハナムラ　僕としてはちょっとニュアンスが違うんですよね。テンポラリーが連続しているほうがニュア

★84――無常と訳される仏教用語。すべての物事が移り変わること。

ンスとしては近いんですね。
長老　ああ、その単語も使いますね。パーマネンスという概念に対して、インパーマネンスと否定形で表現するのではなく、テンポラリーが常に続いていく状態ですね。
ハナムラ　無常はテンポラリーという英訳もありますね。無我はサブスタンスレス。種はないんだと。サブスタンスレスという訳になるんですね。
長老　それは人生そのものだからね。なんで生きるのかというのは、現象がいろんなことで現れていて、そのなかに心という働きがあるからですね。あなたが生きていると感じていて、ここに花があると感じている。その感じているところが命ですよ。どうして自分に感じる能力があるのかと聞いても、答えとしては「知ったことじゃないでしょ」となるでしょうね（笑）。
ハナムラ　感じている心の能力はそれぞれ違うのですが、そこには共通する部分もどこかにあると思うんですよね。
長老　それぞれが感じる幅は違うんだけどね。
ハナムラ　でも「感じる」というところでは共通しているし、心には世界を知る機能があるというところでは共通している。その個別性と共通性をうまく整理できないかと思っているんですね。それぞれ個別に感じるんですが、その裏側にある共通した傾向や性質みたいなものを、取り出して示すという作業も必要と思っています。たとえば、仏教では何かを感じたときに、スカ[★85]（楽）かドゥッカ（苦）か、スカでもドゥッカでもないもの[★86]（不苦不楽）か、ということでは整理されていますよね。
長老　ドゥッカも自分で作りますからね。たとえば、飴玉を口に入れて、それは嫌だなと思ったらそれがその人の感覚。これ美味しいなと思ったら、また次も欲しくなるでしょ。でも次にその感覚は生まれませんね。
ハナムラ　二回目以降はまた別の感覚になりますね。
長老　そうすると、それが苦しくなるんですね。それは自分で作るんです。美味しいとか、美味しくないとか。美味しいと思ったら、それは苦しみを作っている。美味しくないと思ったら、それも苦しみを作っている（笑）。
ハナムラ　両方とも苦しみだと。
長老　そうやって個が作る苦しみがあるんです。それから個が「物があってほしい」と思っているでしょ。でもどんなものでもそういうふうになってない。持続しなくて一時的で、そのときだけの条件で組み立てられるだけ。だから個人の気持ちで、「あ、花がある」と思ったら、それは苦です。なぜなら花が枯れると、嫌な気持ちにならなくちゃならないからね。

★85――心地よい感覚を指す。
★86――心地よくも、心地悪くもない感覚を指す。

宇宙は大したことはない

長老 だからその点でみると、科学的には物事は変動しています。物質として成り立っているものはなくて、あるのは波長だけですね。電磁波でもなんでもそうですし、光も電磁波でしょうしね。
ハナムラ でも……磁力はおそらく違うでしょうね……。
長老 そうなんですよね。磁力って不思議な力で……。
ハナムラ 磁力は遠くにいかないしね。
長老 磁力というのはよくわからない力ですね。
ハナムラ いまだに私は理解できないから、腹が立っているんです。
長老 磁力はスピンと関係しているとも言われますが。
ハナムラ スピンとも関係ないんですよ。スピンすればするほど磁力のパワーが薄くなるから。猛烈にスピンすると物体も壊れちゃうし、磁力もゼロになるでしょうね。遠心分離機なんかは磁力を使っていますけど、ある程度のスピンですね。推測ですが、スピンが極限まで速度を上げると物体は消えるんです。つながっていることができなくなるでしょ。地水火風が分離するでしょうね。
長老 なるほど……。
ハナムラ だから分離しちゃうと、「地」が一人では存在できないんです。水火風一緒でないとね。仏教ではこのパタヴィ[★87]（地）のエネルギーですから、磁力はね。

ハナムラ　あ、磁力はパタヴィなんですか！　あーそうなんですね……。
長老　物理学で質量というでしょ。質量が高ければ、高いほど磁力も高い。デンシティって質量ですかね？
ハナムラ　デンシティは「密度」ですね。
長老　物理学でも水の密度は一でとか言うでしょ。それが高ければ高いほど、磁力も高くなるんです。ジェイムズ・ウェッブ望遠鏡を使ったり、宇宙のことをいろいろ調べたりしてる、どこかのYouTubeで見たことありますけどね。ある惑星の土を大匙一杯とって密度を計算したら、地球と同じ重さがあるんだよと。
ハナムラ　ブラックホールもすごく引っ張る力が強いと言われますね。
長老　よくわからんのだけどね。ブラックホールも物質かどうかもよくわからないし、物質的に存在できないからブラックホールになっている。ブラックホールという言葉があるだけですが、あれは太陽が死んでしまって、重力だけどんどんどん大きくなる。ブラックホールというのは、太陽を食べていくでしょ。エネルギーはすごくあるんだけどね。本当にあれは固体かどうかはわからない。
ハナムラ　引っ張る力はあるっていうことですよね。昨日の話だと、引っ張る力と引き離す力があって、今のデンシティが高い物質というのは……。

★87——四大色である地水火風の地のことを指す。

長老　それはブラックホールよりかはまだ大きなスペースありますよ。だってどんな星団もブラックホールがあって成り立っているでしょ。
ハナムラ　真ん中にあるので、銀河が渦を巻いてね。
長老　うん、真ん中が食べられているんだから、ずっと引っ張られているんですね。土の性質だけではないんですね。あれは宇宙スケールで大きいんです。太陽も何のことなくパッパッパッパと吸収して食べるんだから、そのスケールの大きさはどうですかね。太陽たちも頑張りますけど、ときどきブラックホールの重力にはまっても、食べられないでこうやって回転する太陽たちもいる。
ハナムラ　それもテンポラリーですものね。全部テンポラリーですからね。長いスケールのテンポラリーなのか、短いスケールのテンポラリーなのかの違いで。
長老　現象をどんなふうにとるか次第ですからね。現象のユニットを太陽とすると、すごくスケールが長くなる。現象ユニットを星団とかギャラクシーにしちゃうとまたさらに長くなる。時間はベースにするユニットによります。
ハナムラ　それは大事な話ですね。まなざしのスケールが寄っても変動しているし、引いていってももっと大きな範囲で変動している。どのスケールで捉えるかによらず、フラクタルな構造があるということですよね。
長老　うんうん。たとえば宇宙全体を見て膨張していると言っても、ずっと膨張しているわけではない。（手を上下に揺らしながら）こんな感じで膨張しているんです。そこも波なんです。

ハナムラ　やっぱり「波」というのが全体の法則なんですよね。
長老　そういうことで、今の科学で扱わない全体的なことも、すべてまとめて仏教では科学を語ってます。そのときは「無常」「苦」「無我」というようにしなくちゃいけない。なんでその三つにしたのかというと、生命に関わる知識は物質にとってはどうでもいいんですね。たとえば鉛筆にとっては、「苦」だとか「無我」だとか何の関係もない。それは物質だからね。でも生命が関わってくると、宇宙的な真理として無常・苦・無我ということになります。それはすべての生命に対する真理なんです。宇宙の純粋な物質に対して言えば「無常」だけですね。
ハナムラ　なるほど。整理としては、「無常」が一番範囲が大きくて、すべての物事に当てはまる。そのなかの生命にだけ当てはまるのが「苦」で、さらにその生命のなかでも人間にだけ当てはまるのが「無我」。
長老　うん、生命も実体がないんだから本当は無我でしょうね。実体があったら、宇宙は成り立たないでしょ。実体があったら、実体は変化しないからね。だから種がないんです。
ハナムラ　だからサブスタンスレスなんですね。
長老　そこで偉大なるものは何なのかと。科学者は「宇宙は偉大なり」と思っているんですね。仏教は違います。「宇宙は大した存在ではないんだ」と。「心が偉大なり」なんです。我々が知っている心というのは、物質に入り込んで逃げることができなくなっている心で、それは永久に刑務所に閉じ込められて、鍵も捨てられたような囚人状態の心なんです。でも心は全体的に見ると、宇宙よりかなり拡大したパワーなんです。そのパワーには、宇宙を作ることもできるし、

ハナムラ 宇宙を変化させることもできる。
長老 なるほど。お見せした僕の描いた図（二〇〇頁参照）は間違っていますね。宇宙よりも心を大きく描かないといけない。
ハナムラ 「すべてのものを支配管理しているのは誰ですか」と聞いたら、お釈迦さまは「心だよ」と単純に答える。宗教では神という概念を使っているでしょ。でもそれは普通にどう考えても、そんな存在は成り立たない。心というのはフラクタルで小さくもあるのですよ。たとえば海といったらすごく巨大でしょ。でも水は一滴ですね。
長老 先ほどのハーモニーの話に近いですね。一人ひとりの演奏者は小さいけど、みんなでハーモニーを奏でたらすごく大きなことができる。心が集まっているんですね、あれは。
そう。だから海の喩えで、海のパワーが偉大なり。地球でいまだに一番大きなものは海なんです。海は地表面の三分の二だから、量はどうですかね。一番下のマリアナ海溝までどれほど深いかと。
でも「海って何や」と言ったら、一滴ずつの水の力がつながっただけだからね。心も同じ。一個の心には大したことはできない。心は物質に入っていますから、その入っている何かしらの物質をいくらか管理する程度。それもある程度で、完全には管理できません。でも全体的にユニバーサルレベルで心と言っちゃうと莫大なね……。
この心というのは両方のスケールで働きますけど、一人ひとりのちっちゃな一滴の水の程度の心がすべてだとみんな思っているんです。そうではなくて、一滴の水だけど、合わさったら海になると感じたら、その人にはみんながうらやましがるようなすごい認識パワーが生まれるんです。
ハナムラ　個別の心と「ネットワーク」された心がある。
長老　うん、ネットワーク。
ハナムラ　心もネットワークだし、地球の生態系もネットワークだし、人間の身体自体もいろんなネットワークで成り立っている。このネットワークという考え方が大事ですよね。個と全体との関係は。僕の図がちょっと間違っていたのは、宇宙があって心があるのではなくて、心が先にあって、そのなかに宇宙があるという図に書き換えないといけないですね。
長老　だいたい仏教的にはどちらが先にとあまり決めてはいないんです。なぜなら意味がないですからね、卵が先か、鶏が先かと聞いてもね。
ハナムラ　始まりを考えても意味がないですね。
長老　それはまったく意味がないし、答えには達しない質問だから、仏教では放っておくんですよ。
ハナムラ　そうですね、始まりと終わりは出来事をどこで区切るのかの問題ですからね。始まりがあるというと、その始まりの前は何だったのかという話になるし、その前は何だったのか、その前は……と……。ずっと連続していくのでキリがない。円を指差して「どこが端っこですか？」と言うみたいなものです。それは意味がない。
長老　そうそう。その質問を聞くことすらやめなさいと。バカバカしくてしょうがないやと。人は何かを考えてもいいんだけど、結局は何かの結論を出さないとね。結論が正しくても、間違っていてもいいんだけど、何かの結論を出さないと（笑）。
ハナムラ　その問いには結論が出ないですもんね（笑）。
長老　そういうことから、全体的に「なぜ生きているのか」という問いは成り立たないし、生きることで我々は大失敗するんですね。物があると思うこと。物でなくても現象に執着すること。自分という現象に執着すること。そういうあり得ないことを心がやっているんですね。
ハナムラ　だからあり得ないこと、絶対無理で成り立たないことをやると、苦しみや、落ち込みや、失望感に襲われる。それは年とりたくないと思ったことと同じ。人は年とりたくないけど、生きていきたいでしょ。でも年をとらなきゃ生きていないでしょ。変化しなきゃ生きられないからね。お腹が空かなかったら？　ご飯食べなかったら？　食べたご飯消化して消えなかったら？　それも老いる過程でしょう。石になれば、ある程度長生きできますよ。でも石も無常ですけどね（笑）。石になっても何が面白いかと。石にとっても何も面白くないでしょう。だから永遠なんかくだらないこと考えるなよと。
ハナムラ　そうですね、ほんとに。
長老　どんな人にでも、たとえ若い時にでも、その瞬間にしっかりと生きることはできますよ。何にも執着しないといってもバカでいるわけではなくて、そのときそのときに自分のパートを演奏する。ただそれだけ。
たとえばオーケストラで、ドラムスもすごい音が出るでしょ。だからといってドカンドカンと好き勝手に叩かないでしょ。オーケストラの場合はときどきドカンと叩いて、すぐに手で触って音をコントロールする。音を消すか、コントロールして音を控えめにしていく。だからそれをちゃんとやってほしい。演奏のなかで、ヴァイオリンやピアノのセクションなのに、ドラムの担当が面白くないなあと、勝手にガタガタ鳴らすと（笑）。
ハナムラ　ハーモニーが崩れますね（笑）。それこそ自我です。
長老　だから生きるということは何にも執着しない。だからといって怠け者のバカですかというと、いえいえ一番賢い人ですと。その瞬間その瞬間でやるべきことをやって、それが終わってしまえば、次のことに行く。それが理想的な生き方です。この子供から大人への移行期間で、そこのプログラムまでやってくださいと。その他には、あなたたちが死ぬまで心配することは何ひとつない。死後も同じこと。それができる人は成功者だからね、死も成功するんです。
ハナムラ　死も成功するという表現はいいですね。
長老　それを仏教では「涅槃解脱」というんですね。
ハナムラ　死のセクションでも果たすべき役割をする。
長老　成功者の死を「解脱」というんです。いったんそこまでです。私に言えるところは。

「無常のサイエンス」としての仏教

ハナムラ　「無常のサイエンス」を考えるうえで、いろいろとヒントをいただきました。最初にArt of livingの話が必要で、そのあとで「なぜ生きるのか」という生命の仕組みの話という順番ですね。

長老　「なぜ生きるのか」について、加えて言いますけど、悪いのは「感覚」です。感覚から生きていきたいという気持ちが生まれるんです。感覚は全体的にはあんまり面白くないけど、たまに面白い感覚がうまれる。それに引っ掛かっちゃって生きていきたくなるんです。その感覚によって、生きていきたい、生きていきたいと、ずっと始まりなき過去から続けるんだから。それから物事は壊れていくでしょ。それで生きていきたい気持ちが強くなるんです。心が細胞組織に入って閉まっちゃうと「人間」と呼ばれるんだけど、人間なんて存在しないんです。遺伝子見たって、どんな生命も同じような遺伝子をもっているでしょうし。数が違うだけで大したことはないでしょう。遺伝子も簡単に壊れるしね。とにかく心が物質のなかに入り込んでしまって、その心がしていることというのは感じることです。心は感じ続けたいんだけど、物質は壊れるんですね。壊れると、「嫌だ、壊れてほしくない」と、とにかく生きていきたいと思ってしまうんです。感覚ではまったく満足には至らない。何やっても物足らなくなる。この世の中で何を感じても、「我輩は満足だ」ということにはなりません。すべて一時的です。
ということはずっとこの渇く状態が命をつないでいるんです。だからみんな否応なしに生きようと思うんです。あまりにも必死に生きようとして、やるべきことをやらない。Art of living なんか絶対にやらない。そんなことよりも生きることが先だと。もう最初から失格なんです。
ハナムラ　ええ、まったくそうですね。

長老　それと心は本当はずっと無常を知っているんです。知っていて、怯えているんです。怯えるのは仕方がない。でも無常を無常でないものにしてやるぞ、というあり得ない挑戦をするんです。だからそんな心を「無明」★88というんです。挑戦するのは構いませんよ。あり得るもの、達せられるものであれば。たとえば、人は走ってもいいし、走るスピードを上げてもいいし、でもリミットがありますね。人間としてギリギリまでのスピード出すぞと、筋肉がある若い子が思うのは構いませんよ。成功する可能性もありますね。
ハナムラ　でも人間が地球の自転を速くしようと頑張っても、まるっきり不可能でしょ。そんなことに挑戦するもんじゃないでしょう。
長老　それをして何の意味があるのかということですね。
ハナムラ　それ本当にやってますよ。無常という感覚がわかっても怯えてすべて失敗しています。ただの自然法則なのに、なんで怯えるんですか。雨が上から下に降ることに怯える。下から上にはあがらないでしょうに（笑）。
下から上にあがったら怯えますけどね（笑）。
長老　それだったら、怯えてもいいんだけどね（笑）。無常に怯えて、それから無常を止めようと。これがもう絶対的な苦の原因になるんです。これは心の根本的な問題です。だから心は根本的に無明というのです。いま話したのはそれを改良するプログラムなんです。科学を学んで、ど

★88——世界が常に無常であり、自分というのは無我であるということを理解できない無知の状態をいう。仏教では無明が苦の根源であり、転生の始まりでもあるとする。

んなガジェットを作るのかというのは、あまりにも小さすぎる。科学は「生」と「死」で説明して終わってしまうんですね。仏教は生きるということに注力しているんです。それはどこで終わるのかよくわかったもんじゃないんですから。輪廻だからね。
ハナムラ　今の科学は我々が生きている間の八〇年とか一〇〇年の期間の幸せ、しかも物質のことしか考えていない。ブッダの射程範囲、スコープは生前と死後というもっと広いところまで考えていて、しかも物質とは別の心のエネルギーを中心にしている。そういうことを若い時に知るだけでも、その先の価値観が全然変わってくると思うのです。
長老　宗教というのは小さな地球があって、人間がいて、そこを作った神がいるっていう、ほんのちっちゃな枠なんです。仏教が宗教ではないというのは、宇宙があって、さらに宇宙よりも膨大な心のエネルギーがあって、それもお釈迦さまが体験して、経験して、実験して、データをとっているんですからね。そういうことですね。
ハナムラ　ありがとうございます。全体の整理はいまお話ししたなかで、自分のなかでここの順番が間違っているなとか、こういうところはこういう説明のほうがいいかなというのが見えてきました。その「無常のサイエンス」について、僕自身が目次というか項目的にいくつか考えてきたのがあるのですが。
長老　最初に説明してくれた概念図も論理的には何の問題もなく合ってますよ。私が言ったのは、ちょっとアートを入れたほうがいいということですね。
ハナムラ　お話しするのは論理的な整理の項目だけですが、順を追ってご説明します。

まず①ブッダの科学の射程範囲は現代科学よりも広いということ。そしてそこでは②自然科学、社会科学、人間科学が統合されていること。③生命全体の法則を扱っていて、④生命とは心をもった存在であり、⑤心とは認識する機能をもっているということ。つまり意識科学と物理科学の統合をしているんだということですね。
長老 うんうん、その順番でいいでしょう。そこにもうちょっとアートを入れたほうが（笑）。
ハナムラ もちろんです、論理的なだけでなく、面白くしたいですね（笑）。続けますと、ブッダの科学には、⑥生前と死後を含めた輪廻が含まれていて、⑦人間だけではなくあらゆる生命を扱っていること。⑧その生命のなかには現代の科学では「未確認の存在」もあること。そしてこの科学には⑨「善」と「不善」という価値観も含まれていること。そして⑩心には「貪瞋痴《とんじんち》」が生じることと、⑪「慈悲喜捨」が重要であること。⑫すべての物事は常に動いているという「無常《アニッチャ》」「苦《ドウッカ》」「無我《アナッタ》」という考え方があること。モノの見方としては、⑬「世俗諦《ローカサッチャ》」つまり「世間的な真実」と「勝義諦《パラマッタサッチャ》」つまり「変わることのない真実」の二つがあって、後者を除く⑭すべての物事は相対的でモノの見方によって正しさは変わる。それが正見であること。
エネルギーには⑮物質のエネルギーである「色《ルーパ》」と心のエネルギーの「名《ナーマ》」があること。⑯それらのすべても一時的な現象であること。⑰それらのエネルギーは個別の働きが統合されて、ひとつの現象が生まれること。そして⑱世界とは、五感と意識がそうしたエネルギーに接触することによって生まれてくること。加えて⑲心のポテンシャルエネルギーである

「業《カルマ》」と呼ばれるものがあること。⑳それにも善と不善があること。
長老　うんうんうん。
ハナムラ　そして、エネルギーには㉑拡大と収縮、引力と斥力という四つの力があること。それは㉒「地水火風」という四大元素の性質をもつこと。㉓我々の身体にも「五識」があること。そして㉔心には「心所」という感情の性質があり、心と物質は結びついてしまうこと。㉕すべてのものは波動で動いていて、その波は次々と受け継がれていくこと。そこには「因縁」の法則があること。㉖あらゆる現象は直接的な原因になる「因《ヘツ》」と間接的な条件である「縁《パッチャヤ》」の両方が作用して生まれること。また㉗現象は「連続」していてずっとつながっていること。そして㉘現象は「同時」に起こること。㉙現象は「共鳴」すること。㉚現象には「順序」があること。㉛現象は「相続」していくこと。そうした性質を含めて㉜「一二縁起」のプロセスがあること。
長老　うんうん。
ハナムラ　そして心の法則ですね。㉝心の認識には八九種類の感情（心所）が伴っていること。㉞心の認識が消えると感情もなくなること。㉟感情には「善」「不善」と「無因」があり、それが物質にも影響を与えること。㊱心は生まれて、ちょっと止まって、消えていくという「生」「住」「滅」が一セットで動いていくこと。㊲そして心は苦しみしか認識できないこと。
社会科学的な部分では、戒律や法律がなぜ必要で、どう機能するのかを、ここまで説明してきた自然科学や人間科学での心の性質との関連で考える必要がありますね。㊳心はハーモニー、

「共鳴」していくこと。㊴すべての生命は「生存欲」をもつことで共通していること。㊵それはひとつの個体だけではなく、グループや組織や国家など集合した心にも宿り、一度生まれたら生き続けようとすること。
㊶そんな性質をもつ心が集合する社会には、資本主義や社会主義ではなく「慈しみ主義」がこれから必要で、㊷奴隷システムから自らを解放することが大切なこと。これについても今の長老のお話のなかで結構ヒントがありました。
長老 いま挙げたのはひとまず論理的な項目の整理だけですが、全体としてこういう枠組みで書籍か何かまとめられればいいのかなと思っています。
ハナムラ はいはいはい。しっかりとできていますよ（笑）。
タイトルはちょっとわからないのですが「無常のサイエンス」とするのか。ここにいろんな仏典、経典とかいろんな言葉を引っ張ってくるのか。それとももう少しわかりやすく語るのか。そのあたりバランスを見ながら考えたいですね。
長老 本一冊で全部まとめられるかどうか……。
ハナムラ それもわからないですし、書けたとしても入口だけになると思います。これがブッダの教えの全部ではないので、ほんの一部しか書けません。でもこれまでの対談を通じて、こんなことを今の段階でまとめてみました。
長老 まあ、自然の流れで気持ちよくね。書く人も楽しくやれば、その楽しみが伝わりますね。論文を書いて提供するような気持ちでは伝わらないですしね。

ハナムラ　もちろんです。誰が読むかですが、読んでいる人が自由になるようなものにしたいですね。
長老　読んでも楽しいし、書いても楽しい（笑）。
ハナムラ　まあ、僕はすごく楽しいんですね（笑）。
長老　でもなんて言いますかね、これはすごく見事にまとめましたね（笑）。

おわりに

アルボムッレ・スマナサーラ

「自由」という言葉はすごく聴き慣れていて、その意味もよく理解していると私たちは思っています。そして誰もが自分は自由だと思っています。でも本当に私たちは自由なのでしょうか。ソーシャルメディアで一人ひとりが思ったことを発言できる今は、私たちは自由になったと思っています。昔の人々は自由ではなく、言いたいことが言えませんでした。情報化がそれほど進んでいない時代は新聞記者や知識人しか発言できない世界だったからです。でもその世界から情報化が進んで、今は誰でも発言できる自由な世界になったように見えます。しかしそれは見せかけの自由なだけで、情報化社会に生きる現代人の私たちは、自由になったように見えながら、システムにさらにしっかりと束縛されていて、そこから逃れられないのではないでしょうか。細かく分析すると、人間はひとかけらも自由ではありませんし、今は誰でもしゃべるけど、それを誰も気にしないという世界になっています。

特にこのＡＩ（人工知能）時代では、自分で話すことすらなく、機械が勝手に発信するようにもなっています。チャットＧＰＴなどの生成ＡＩは膨大な情報から適当なアルゴリズムでデータを取って、文章らしく並べてくれたりします。そうやって便利になることで人は自由になったのかというと、まったく自由ではないのですね。

面白いことに、私たちは自由を目指して、新たな束縛を作ります。この新たに作る束縛がかなり破りにくいものになります。この自由と束縛はヒルという生き物が移動するときの動作に似ています。ヒルはまず口で何かを摑んで、後ろの体を引き寄せる。何かを摑まないとヒルは動けないのですね。私たち人間もヒルと同じように何かの束縛を摑むことで次へ動くことを繰り返しているのではないでしょうか。人間は自由になろうと思って、今感じた束縛を破って、新たな束縛を作る。その束縛に気付いたら、その束縛を破って、また新たな束縛を作る。だから新たな束縛がなければ、今の束縛を破れない。次の不自由がないと、今の不自由から逃れられない。でもいくら束縛を破っても自由にならない。問題はこの方法で我々はいつか自由になるのかということなのですね。それはまるで輪廻のように繰り返されています。だから自由を求めるなら、人間の五感に入る情報で組み立てられた主観的な世界を破って、次元を超えて考えたほうがいいとお釈迦さまは説かれたのですね。

そこでハナムラ先生と話していて気付いたのは、お釈迦さまは「仏教」を教えたわけではないことです。ブッダは一度も仏教という宗教を教えるとは言っていないんですね。ブッダが教えたのは「真理」であり、生きるとはどういうことかという生命の法則です。それはブッダがいてもいなくても変わらない事実としてずっとあるものです。ブッダはその真理をただ発見して語っただけで、何も新しいことを教えたわけではないのです。だから若い方々に伝えるときにも、宗教という信仰としての仏教ではなく、生命についてのありのままの事実、真理として語るということがいいのではないかと思います。

二〇二五年二月

対談日時・場所

対談❶　2023年3月13日　午前
対談❷　2023年3月13日　午後
対談❸　2023年3月14日　午前
対談❹　2023年3月14日　午後
対談❺　2023年3月15日　午前
*山口県「誓教寺」にて

参考文献

ジェームズ・ラヴロック、星川淳訳『地球生命圏――ガイアの科学』工作舎、1984年
イアン・スティーヴンソン、笠原敏雄訳『前世を記憶する子どもたち』日本教文社、1990年
本川達雄『ゾウの時間ネズミの時間――サイズの生物学』中央公論新社、1992年
ステファノ・マンクーゾ、アレッサンドラ・ヴィオラ、久保耕司訳『植物は〈知性〉をもっている――20の感覚で思考する生命システム』NHK出版、2015年
カルロ・ロヴェッリ、冨永星訳『時間は存在しない』NHK出版、2019年
アルボムッレ・スマナサーラ、藤本晃『ブッダの実践心理学 第一巻〜第八巻 アビダンマ講義シリーズ』サンガ、2005―2013年
アルボムッレ・スマナサーラ『怒らないこと――役立つ初期仏教法話〈1〉』サンガ、2006年
アルボムッレ・スマナサーラ『無常の見方――「聖なる真理」と「私」の幸福』サンガ、2009年
アルボムッレ・スマナサーラ『無我の見方――「私」から自由になる生き方』サンガ、2015年
アルボムッレ・スマナサーラ『苦の見方――「生命の法則」を理解し「苦しみ」を乗り越える』サンガ、2015年
ハナムラチカヒロ『まなざしのデザイン――〈世界の見方〉を変える方法』NTT出版、2017年
ハナムラチカヒロ『まなざしの革命――世界の見方は変えられる』河出書房新社、2022年
鎌田東二、ハナムラチカヒロ『ヒューマンスケールを超えて――わたし・聖地・地球』ぷねうま舎、2020年
藤本晃『悟りの階梯――テーラワーダ仏教が明かす悟りの構造』サンガ、2009年
藤本晃『ブッダの神通力――禅定と六神通と悟りへの道』サンガ、2011年
藤本晃『『アビダンマッタサンガハ』を読む』サンガ、2013年
佐々木閑『科学するブッダ――犀の角たち』KADOKAWA、2013年
佐々木閑『仏教は宇宙をどう見たか――アビダルマ仏教の科学的世界観』化学同人、2021年

アルボムッレ・スマナサーラ

一九四五年、スリランカ生まれ。スリランカ上座仏教（テーラワーダ仏教）長老。一三歳で出家得度。国立ケラニヤ大学で仏教哲学の教鞭をとった後、一九八〇年に国費留学生として来日。駒澤大学大学院博士課程を経て、日本テーラワーダ仏教協会で初期仏教の伝道とヴィパッサナー実践の指導に従事。科学的知見を用いたわかりやすい法話で定評がある。『無常の見方』（サンガ新社）、『怒らないこと』（だいわ文庫）、『ブッダの智慧で中高生の悩みに答えます』（創元社）など著書多数。ＮＨＫ Ｅテレ「スイッチインタビュー」出演でも反響を呼んだ。

ハナムラチカヒロ

一九七六年、日本生まれ。大阪公立大学准教授。現代システム科学研究科にて自然科学・社会科学・人間科学を横断する総合知の研究教育に携わる。ランドスケープデザインをベースに対象の見方を変えるトランスケープ論を専門とし、環境デザインや現代アートの制作、映像制作まで幅広い芸術実践を行う。大阪赤十字病院での空間アート「霧はれて光きたる春」で日本空間デザイン大賞受賞。著書は、『まなざしのデザイン』（ＮＴＴ出版／日本造園学会賞受賞）、宗教学者鎌田東二氏との共著『ヒューマンスケールを超えて』（ぷねうま舎）、『まなざしの革命』（河出書房新社）。一〇代の哲学カフェ「ヒトの学校」も主催する。

慈しみ主義――ブッダの科学が描くもうひとつの地球

二〇二五年四月二〇日　初版印刷
二〇二五年四月三〇日　初版発行

著者　アルボムッレ・スマナサーラ
ハナムラチカヒロ
発行者　小野寺優
発行所　株式会社河出書房新社
〒一六二-八五四四　東京都新宿区東五軒町二-一三
電話　〇三-三四〇四-一二〇一〔営業〕
〇三-三四〇四-八六一一〔編集〕
https://www.kawade.co.jp/
組版　株式会社キャップス
印刷　株式会社暁印刷
製本　株式会社暁印刷

Printed in Japan
ISBN978-4-309-29490-2
落丁本・乱丁本はお取り替えいたします。